四特 教育系列丛书 SITE JIAOYUXILIECONGSHU

学生奖惩艺术

《"四特"教育系列丛书》编委会 编著

吉林出版集团股份有限公司
全国百佳图书出版单位

图书在版编目（CIP）数据

学生奖惩艺术／《"四特"教育系列丛书》编委会编著.
—长春：吉林出版集团股份有限公司，2012.4
（"四特"教育系列丛书／庄文中等主编.课堂教学与
管理艺术）
ISBN 978-7-5463-8717-8

I.①学… Ⅱ.①四… Ⅲ.①中小学教育－奖惩－研究
Ⅳ.① G630

中国版本图书馆 CIP 数据核字（2012）第 044012 号

学生奖惩艺术
XUESHENG JIANGCHENG YISHU

出 版 人　吴　强
责任编辑　朱子玉　杨　帆
开　　本　690mm×960mm 1/16
字　　数　250 千字
印　　张　13
版　　次　2012 年 4 月第 1 版
印　　次　2023 年 2 月第 3 次印刷

出　　版　吉林出版集团股份有限公司
发　　行　吉林音像出版社有限责任公司
地　　址　长春市南关区福祉大路 5788 号
电　　话　0431-81629667
印　　刷　三河市燕春印务有限公司

ISBN 978-7-5463-8717-8　　　　定价：39.80 元

前　言

　　学校教育是个人一生中所受教育最重要的组成部分，个人在学校里接受计划性的指导，系统地学习文化知识、社会规范、道德准则和价值观念。学校教育从某种意义上讲，决定着个人社会化的水平和性质，是个体社会化的重要基地。知识经济时代要求社会尊师重教，学校教育越来越受重视，在社会中起到举足轻重的作用。

　　"四特教育系列丛书"以"特定对象、特别对待、特殊方法、特例分析"为宗旨，立足学校教育与管理，理论结合实践，集多位教育界专家、学者以及一线校长、老师们的教育成果与经验于一体，围绕困扰学校、领导、教师、学生的教育难题，集思广益，多方借鉴，力求全面彻底解决。

　　本辑为"四特教育系列丛书"之《课堂教学与管理艺术》。

　　目前，在我国的学校教育中，课堂教学仍然是一种主要的教育教学活动，要想有效地提高课堂教学质量与效果效率，就必须充分尊重和应用教育科学理论，系统学习、研究、提高课堂教学艺术水平，这不仅是对课堂教学的客观要求，而且是教育教学研究的发展趋势之一。因此，有志于从事教育事业去当一名教师的教育专业学生，都有必要去学习、研究课堂教学艺术，为今后做一名合格的教师进行充分的准备。本书把教育教学理论和教育教学实践有机地结合起来，系统地研究课堂教学的规律和实践，研究教学过程中的各种实际问题。

　　本书还有另一个很明确的目的，那就是：确立班级管理的专业地位，提升师生教学质量。我们分别从学生、教师（班主任）的角度分别进行说明。班级管理是门艺术，大凡艺术殿堂的攀登，都需要自觉的奉献；班级管理又是门科学，涉及科学领域的探索，必依赖智慧的涌动。希望本书的出版，能为工作在第一线的广大中小学班主任提供一个支点，同时，能唤起一部分对班主任工作感兴趣的专家学者的热情，共同来研究这个新课题，让班主任班组管理这项至关重要的工作，更具科学性和艺术性。这也是本书编写的意义所在。

　　本辑共20分册，具体内容如下：

　　1.《怎样把课说好》

　　"说课"是深化教育改革，探讨教学方法，实践教学手段，提高教育教学业务水平的一种好方法，也是教师进一步学习教育理论，用科学的手段指导教学实践，提高教学科研水平，增强教学基本功的一项重要方法。本书主要从说课准备、精心设计与组织说课材料、幽默为教法服务、情感学法说课、辅助教学程序、互动教学目标、应对说课失误和总结说课经验等方面来进行铺垫和阐述。我们站在说课者的角度，多层次地模拟了说课中遇到的各种问题，并提出了相应的改进措施，希望教师在说课中少走弯路，对于日后的说课教学能起到更大的帮助。

　　2.《怎样设计教学情境》

　　本书着重探讨了如何使新课程提倡的自主学习、探究学习、合作学习真正进入到课堂之中。通过介绍西方课堂设计的理论和教学策略,总结国内课堂教学改革的成功经验,为教师进行有效的课堂设计提供切实的指导和帮助。

3.《怎样把课备好》

备课能力是一个教师最基本的业务能力。备课是教师教学活动的一个重要组成部分,也是上好一堂课的前提和重要保证。教师要上好课,首先必须备好课,备课是一项深入细致的工作,是教师达成良好教学效果的关键。教师备课最需要用"心"、用"情"、用"力"和重"思"。

4.《怎样把课上好》

课堂动了,学生活了,互动、对话成为课堂教学的常态了,课堂上出现一系列变动不居的场景也就在情理之中了。教师根据课堂教学中生成的各种资源,形成后续的、新的教学行为。动态成为常态,生成成为过程,这些教学的新要求,是上课时教师需要加以灵活掌握的,也是本书所要介绍的。希望通过本书,教师不仅能获得教学的新理念,同时能获得基本的教学策略。

5.《走出教学雷区》

由于学识、经验、能力、性格、思维等诸方面的限制,教师由于认识和行动上产生了偏差,在教学过程中走入误区在所难免。本书列举了日常教学工作中教师常出现的一些问题甚至错误,分析这些问题产生的根源及这些问题在教学中的呈现形式,提出解决的方案,引导教师避免或者走出误区,通过"行动—反思—再行动—再反思",引导教师做一个反思型教师。促进教师在专业化的道路上更快的成长和进步。

6.《让学生出类拔萃》

在学校里,尖子生往往是重点培养对象,集"万千宠爱于一身"。但是作为教师,不能被尖子生"一俊遮百丑"而忽视对他们的培训和教育。教师应该正确认识和了解尖子生,做好培优工作,积极引导,严格要求,满足他们强烈的求知欲,充分施展其才能并通过尖子生积极进取的态度、较好的学习方法影响和帮助其他同学共同发展,使全体学生成绩不断地推进。

对尖子生的培养是一项艰巨而漫长但又极具乐趣的工程,希望通过本书的学习,我们的教师都能发现千里马,精心、尽力培养,让他们跑得更快、更远!

7.《一对一教学》

在中国,"一刀切"式的教学方法普遍存在于课堂中,然而,每个学生特点各异,只有建立在了解学生基础上的个性化教学才能使学生受益无穷。

不是崭新的课本、新潮的教学技巧,也不是最新的教学设备,唯有优秀的教师才是学生成功的关键。坚信我们有责任坚持不懈地寻找和发现优秀的孩子,我们也要认识到每一个孩子都与众不同。本书致力于了解我们的学生并找到适合各个学生的教学方法,因材施教。

8.《让课堂动起来》

教师如何形成新的课堂教学艺术技巧、如何让课堂变得更加生动有趣,这正是本书论述的要旨所在。

教师要上好一堂课,除了要有热情与高度的责任感之外,还要有渊博的知识和一定的讲课技巧,教师必须认真备课、多动脑、多想办法,有了一定的授课技巧,课堂就会时时呈现出精彩!

9.《不怒自威》

本书以清新的笔调、详实的案例向教师娓娓道来:要树立起自己的威信,教师除了要师德高尚、敬业爱生,专业精湛、诚实守信、仪表得当,还要宽严有度、教管有方、赏罚分明、公平公正。只有这样,学生对教师才能心悦诚服,也只有这样,教师才不会在"学生难管"的哀叹中失落教育的权威。

10.《好学生是怎样炼成的》

行为变为习惯,习惯养成性格,性格决定命运。一个动作,一种行为,多次重复,就能进入人的潜意识,变成习惯性动作。习惯对每个人梦想的实现,命运的选择起到了决定性作用。青少年正处于一个习惯的塑造和培养期,养成良好的习惯会让每个孩子都成为好学生,会使其受益终生。

11.《与差生说拜拜》

本书以新颖的创作手法和情真意切的教育语言从多个方面阐述了怎样对后进生进行转化,如何正确认识后进生,坚守对后进生的教育之爱,唤起后进生向上的信心,解开后进生的"心结",有针对性地解决后进生的"问题"行为,加大对后进生的学法指导,提升后进生的自身能力,善用工作技巧来解决后进生问题,走出教育后进生的误区。本书有较强的可读性、针对性、实用性和操作性,对教师转化后进生的教育工作有实际性的参考和切实有效的帮助。

12.《从管到不管》

课堂管理艺术和技巧是以学生发展为本的,是教师教学智慧的新表征,是教学实践和经验概括和理性提升,本书所阐述的艺术和技巧是简约的,实用的,可操作的,可借鉴的。教师通过本书的阅读和借鉴,能够在新课程实践探索的道路上,不断更新课堂管理理念,优化课堂管理行为,形成新的教学本领和新的课堂管理艺术,让课堂教学焕发出生命的活力。

13.《把握好教学心理》

为了帮助读者成为"有意识的教师",作者提出了若干问题以引导学生思考和学习,并列举大量课堂实例,作为实践范例。本书鼓励教师去思考学生是如何发展和学习的;鼓励教师在教学之前和教学过程中做出决策;鼓励教师思考如何证明学生正在进行学习、正在迈向成功。本书反映了当前有关的新理论与新进展,所介绍的各种研究结论在课堂实践中得到了验证与应用。该书所倡导的兼收并蓄的均衡教学为教学的专业化发展奠定了基础。

14.《完美的班规》

优秀的班集体需要制订切实可行、行之有效的好班规。本书采用了通俗的创作方法,把死板的道理鲜活化,把教条的写法改变为以案例为主,分析、评点为辅,把最先进的教育理念和方法融入有趣的情境中。经典的案例,情境式的叙述,流畅的语言,充满感情的评述,发人深省的剖析,娓娓道来、深入浅出,让教师更充分地领会先进、有效的教育方法。

15.《让问题学生不再成问题》

班级里总有那么些学生:有的顶撞老师,经常迟到;有的迷恋网络,偷拿钱物,早恋;有的对同学暴力相向,甚至离家出走;教师在他们身上花费很多精力,然而收效甚微。教育这些学生,需要耐心,更需要教育的智慧。

本书是一部针对这一现象为教师提供方法的教育研究专著,也是一部关于问题学生的教育学通俗读物。本书以教师最头痛的问题学生为突破口,努力在这个问题上把智慧型教育理论化、具体化、可操作化,且适当规范化。这既是教育问题学生的一本"医书",也是教师科学思维方式的培训教材。

16.《消除师生间的鸿沟》

本书在编写中,尽力以轻松的笔调来"海阔天空"地谈论教育中的师生关系这一敏感问题,以求能让读者在阅读中有快乐、有启发、有思辨。本书每一篇章采用夹叙夹议的编写风格,叙述的是事例,议论的是道理。为了最终能让读者更广泛、更深刻地明白教育道理,本书一般通过"生活事例——生活道理——教育道理——教育案例"这种内外结合、纵横交错的行文方式,实现"顺理成章"的阅读品质。

17.《用活动管理班级》

随着社会和教育的发展,我们对班级的认识也经历着一个相应的发展历程。班主任的角色定位与对班级性质的认识应该是相匹配的。班级活动作为班级功能主要的承载体,在功能、形式和内容上同样需要在新课程背景下重新定位。本书紧扣班主任专业化发展这一核心理念,从班主任实际工作需要出发,由案例导入理论问题,又理论联系实践,突出案例教学与活动的组织和设计;不仅贯彻教育部提出的针对性、实效性、创新性、操作性等原则,而且便于进行系统、有选择性的培训。

18.《学生奖惩艺术》

现在的学校普遍提倡激励教育,少用惩罚性处罚手段,认为处罚只能打击学生的自尊心,使学生丧失上进和改正缺点的动力。但是,激励不是万能的。教育不能没有处罚,没有处罚的教育是不完整的教育。本书针对教师如何奖励和处罚学生进行了系统而深入的分析和探讨,并提出了解决这一问题的新思路、可供实际操作的新方案,内容翔实,个案丰富,对中小学教师颇有启发意义。本书体例科学,内容生动活泼,语言简洁明快,针对性强,具有很强的系统性、实用性、实践性和指导性。

19.《永葆教育激情》

谁偷走了中小学教师的激情?生命中不能承受之重对教师起到了什么影响?教师职业倦怠的原因在哪里?克服倦怠的具体行动有哪些?如何正确认识和驾驭工作压力?……这些问题就是本书要为你回答的。本书对教师的职业倦怠进行了系统而深入的分析和探讨,并提出了解决这一问题的新思路、可供实际操作的新方案,内容翔实,教案丰富,对中小学教师颇有启发意义。

20.《超级班级管理法》

班级管理是门艺术,大凡艺术殿堂的攀登,都需要自觉的奉献;班级管理又是门科学,涉及科学领域的探索,必依赖智慧的涌动。本书是多位优秀班主任集思广益、辛勤笔耕的结晶。一是实用性,所选的问题都来自班主任的实际工作,容易引起班主任的同感。二是可操作性,提出的应对方法都简便易行。三是时代性,所选问题与当前课程改革,与学生实际相结合具有浓厚的时代气息。

由于时间、经验的关系,本书在编写等方面,必定存在不足和错误之处,衷心希望各界读者、一线教师及教育界人士批评指正。

编者

C 目　录
ONTENTS

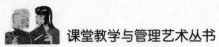

第一章

激励，教育的第一信条

学生更需要成功的体验

著名教育学家第斯多惠说："教育的奥秘不在于传授，而在激励、唤起和鼓舞。"班主任的责任之一，就是尽可能地运用激励的武器，帮助学生维持良好的情绪体验，树立再创佳绩的信念。

如果你问我："今天的孩子渴望什么？"

我会回答你："渴望成就感。"

如果你再问我："今天的孩子缺少什么？"

我同样会回答你："缺少成就感。"

在家庭里，爸爸妈妈老是拿自己的孩子跟人家的孩子比较，你瞧人家的孩子，多好多棒！觉得自己的孩子是沙子，人家的孩子是金子。有个小男孩曾经委屈地对我说："我从来没当过班干部，做梦都想当，好不容易捞个队长当，乐得都快傻了。回家跟我妈说：'妈！我当上小队长了！'我妈不但没有夸我，反而把嘴一撇，说：'小队长有什么好吹的？这是中国最小的官儿了！我小时候当的是大队长！'可我妈不知道，我哪赶得上她呀，我能当上小队长有多不容易呀！我跟老师说了很多好话，作了很多保证，老师才让我当这个小队长，还是个副的，老师说，随时准备撤下去！本来想给我妈一个惊喜，没想到，我妈还是瞧不上我！"一个刚上任的中队长对我说："我当上中队长，心里特高兴，回家跟妈妈一说，我妈当时就问：'大队长的候选人有你吗？'您说，我妈多不知足！"爸爸妈妈的标杆永远超越孩子的水平，这就是今天孩子的悲哀！他们的孩子永远不会有成就感，也就是成功的体验。

不单家庭教育是这样，我们的学校教育同样存在这种不良倾向。

很多人都说，今天世界上数中国的学生学习最刻苦，成绩最优秀，可中国的教师对学生的满意度最差。有个班主任带了二十来个学生到美国作交流访问，课余时间中国孩子和美国孩子一块在操场上打球。中国孩子十个球进了九个，中国的班主任不满意，说那个球怎么没进？美国孩子十个球进了一个，美国老师不断地说孩子们真了不起。进一个球的美国孩子有成就感，进九个球的中国孩子有失败感。这就是中国教育最大的问题：不为孩子得到而欢呼，只为失去而遗憾。今天孩子成长的路上缺的不是老师，而是"观众"——能为他们鼓掌喝彩的热心观众。

谁都在挑孩子的毛病，这样孩子能有兴趣读书吗？能"好好学习，天天向上吗？"

心理学家曾做过这样的试验：把一条梭鱼放养在有很多小鱼的鱼缸中，让它随时可以吞吃小鱼。过了一段时间，心理学家用一片玻璃把它与小鱼隔开，它饥饿时再去吞食小鱼却遭到了玻璃无情的阻挡。在内部饥饿和外部小鱼双重刺激的强烈驱使下，它一次次徒劳地发起攻势，但屡遭失败后，它吞噬小鱼的希望和信心逐步下降，终致完全丧失。这时，试验者再抽去玻璃，但它却不再捕食小鱼，竟至活活饿死。心理学家把这种屡遭挫折后形成的放弃行为称为习得性无助行为，即反复的失败可以使人产生无助感。

如果我们的学生在学校里每每体验的都是失败，他们为了使自尊心免遭进一步伤害，就可能放弃上进的努力，或者产生退缩行为，自我封闭以逃避失败的体验；或者为了寻求一时的心理满足，达到暂时的心理平衡，就以调皮捣蛋、欺负同学、反抗教师等行为来显示自己的力量，或引起老师同学的关注。因此，对于那些处境不利的学生，我们的教师尤其是班主任要注意帮助他们获得成功的体验，以激励他们积极向上。

一名成绩差的学生，在老师提问时总是和其他同学一起把手高高举起，而老师真让他回答时他却偏偏"卡壳"。老师每次都要帮助他寻找合适的理由，让他体面地坐下。这样几次以后，老师和他有了一次私下谈话："怎么了？会还是不会？"

"不会，"学生低下了头，"我成绩不好，同学们都取笑我。我如果不举手，他们更笑话我了。"

老师沉思片刻，说："我们这样约定：你没有把握时，就举右手；你有把握时，就举左手。你看好不好？"

学生感激地点点头。

几天以后，老师惊喜地发现他举起了左手，就点名让他回答，他竟然回答得非常流利正确。同学们感到惊讶的同时，投向他的目光里充满了赞许，老师也抓住时机表扬了他的聪明。以后的日子里，那只充满自信的左手频繁地在课堂上举起。

成功的体验将会促使一个人永远向上。一个人的成功经历越多，他的期望也就越高，自信心也就越强。苏霍姆林斯基曾指出："把学习上取得成功的欢乐带给儿童，在儿童心里激起自豪和自尊，这是教育的第一信条。"获得成功是每一名学生的权利，帮助学生成功是每一位教师的义务。

班主任老师们，让你的学生拥有成功的体验吧！

表扬会使学生更聪明

表扬是对学生好的思想和行为给予肯定的评价，其目的是使受表扬的学生明确自己的优点和长处，并得到进一步的巩固和发扬，它是一种积极的"强化"方式，是调动学生积极因素的重要手段。心理学研究表明：对人的良好思想和行为作出肯定的评价，能使人产生愉快的情感体验，受到鼓舞，并焕发出更大的积极性，从而激发出追求新的目标和成功的强烈要求和愿望。

许多人都知道美国人赫洛克的试验。

赫洛克曾经以106名四五年级学生为被试对象，要他们练习难度相等的加法5天，每天15分钟。

他把被试对象分为4个组：

第一组为受表扬组，不断受到表扬。结果成绩扶摇直上。

第二组为受谴责组，经常受到责备。刚开始，这些责备还起点作用，后来就"疲"了，成绩就持续下降。

第三组为被忽视组，只是在一边静静地听前两个组所受的表扬和谴责，自己既得不到直接的表扬，也得不到直接的谴责。结果成绩比前两个组都差。

第四个组为控制组，既不给予任何表扬和谴责，也不让他们听到对前2个组的表扬和谴责。结果成绩最差。

由此，赫洛克得出结论说：人都是渴望被表扬的，人在受到表扬时，脑神经活动加快，思维更加灵敏，做事的效率也更高。

学生也不例外，得到老师的表扬、肯定，就情绪饱满，奋发向上。

一名优秀的班主任应该细心地观察学生，对于他们的点滴进步和微小的成绩都要及时、热情地给予肯定，使他们产生一种愉悦感。

当学生帮助了别人时，别忘了翘起你的大拇指称赞："你真有爱心！"

当学生义务劳动时，别忘了翘起你的大拇指称赞："你真能干！"

当学生取得了点滴进步时，别忘了翘起你的大拇指称赞："你是好样的！"

当学生克服困难或解决了难题时，别忘了翘起你的大拇指称赞："你是最棒的！"

当我们"大方"地把表扬送给学生时，我们一定会惊喜地发现，我们的学生变得越来越懂事，越来越自信，越来越聪明了。

40多年前，在美国伊利诺斯州的罗克艾兰有一个名叫马尔科姆·戴尔科夫的小男孩。他从小父母双亡，无依无靠，生性十分卑怯。

1965年10月的一天，戴尔科夫的中学英语老师露丝·布罗奇给学生布置作业，要求学生在读完小说《捕杀一只模仿鸟》末尾一章之后，让他们接下去续写一章。

戴尔科夫写完作文交了上去。等到作文再次发下来的时候，戴尔科夫竟意外地发现：布罗奇夫人在他的作文旁批了四个表扬的文字："写得不错！"

布罗奇后来回忆说："当时，我之所以那样评价，是因为戴尔科夫的那个小豆腐干确实比他前面写的文章都要好，我不能不表扬他。当然，相对于别的学生来说，仍然算不上优秀。"

虽然如此，但就因为这句话，对于当时无亲无故、生活困窘的戴尔科夫来说，已经很了不得了。他曾经从来不知道自己能干啥，将来能做什么。可读了老师那四个字的批语，回家后他立即写了一个短篇小说。原来这就是他一直梦想要做但又绝不相信自己能做的事！

接下来在学校的时光，他写了许多短篇，并总是递给布罗奇夫人评阅。幸好布罗奇夫人为人严厉而真诚，她不断地给戴尔科夫打气和鼓励。

不久，戴尔科夫被提名当上了那所中学校报的编辑，他由此愈发自信，眼界也变得宽阔。

后来，经过不懈的努力，24 岁的戴尔科夫便成了知名的专业作家。就这样，他开始了卓有成就的一生。

如今，戴尔科夫也记不清自己当时究竟写了些什么特别的内容，也忆不起布罗奇夫人给他打了多少分。

但他的确记得并且永生不忘——布罗奇夫人在他的作文页边批下的四个字："写得不错！"

就是这四个字，改变了他的一生。

他确信，如果不是因为老师在他作业本上写下的那四个字，他不可能取得今天的成就。

在戴尔科夫第 30 次出席母校举行的联欢会时，还专门去拜访了已经退休的布罗奇夫人。谈及当年，戴尔科夫感叹道："当年您的那一句肯定的评语，给了我当作家的信心和勇气，改变了我的一生！"

"写得不错"这四个看似简单的评语，在戴尔科夫看来像是一缕春天的阳光，给了他当作家的信心和勇气，为他指明了前进的方向！也由此改变了他的一生。

面对孤寂胆怯的戴尔科夫，布罗奇夫人没有表现出漠不关心的冷漠，而是怀着一颗真诚、博爱的心，不断地给予他表扬、鼓励，表现出为人师者的无私与高尚！

大胆表扬学生吧，不要担心你的称赞会令学生骄傲，我们应该相信，表扬是促使学生进步的金钥匙。

只是，表扬的同时别忘了"艺术性"，这样才能事半功倍。

（1）表扬要准确。对表扬的事件不夸大，不缩小，客观公正。班主任要对表扬的事实作全面深入的调查研究，弄清事实真相，不能道听途说，偏听偏信。否则，表扬不准确，甚至张冠李戴，不但会失去表扬的意义，还会降低班主任的威信。

（2）表扬要及时。及时的表扬会强化受表扬学生的积极性和创造性。若学生做了认为应该受到表扬的事，而迟迟得不到老师的表扬，就会消极失望、心灰意冷。班主任应抓住学生的心理特点，对班上出现的好思想、好行为或微小的进步都要及时表扬，因势利导。

（3）表扬要多样。表扬不局限于口头表扬，不局限于在班会上表扬，班主任可利用一切机会，采用多种形式进行表扬。比如奖励"五角星"，奖励"笑脸"，颁发"喜报"，贴上"学生好行为"的照片等等，会起到意想不到的效果。

（4）表扬要具体。空洞的言之无物的表扬，不仅会显得苍白无力，还会给人留下故意取悦学生、偏爱某些学生的错觉。因此，班主任对学生的表扬内容要具体，尤其要及时发现学生身上不易被人发现的某些长处，进行具体、细致的表扬，效果会很好。

（5）表扬要用心。表扬学生态度要真诚，不能漫不经心，敷衍一番。要针对学生的心理、年龄、思想意识的差异，根据不同场合采取形式多样、富有成效的表扬方式。

表扬是一门学问，惟有讲究方法和艺术的表扬，才能达到预期的效果，才是成功的表扬。

欣赏能使学生创造出奇迹

成人欣赏的眼光，能使孩子创造出奇迹。

1852 年秋天，屠格涅夫在打猎时无意间捡到一本皱巴巴的《现代人》杂志。他随手翻了几页。竟被一篇题目是《童年》的小说吸引了。作者是一个初出茅庐的无名小辈，但屠格涅夫却十分欣赏，钟爱有加。

屠格涅夫四处打听作者的住处，最后得知，作者是一个由姑母一手抚养长大的孩子。屠格涅夫找到了作者的姑母，并表示了他对作者的欣赏与肯定。姑母很快就写信告诉侄儿："你的第一篇小说在瓦列里扬引起了很大的轰动，大名鼎鼎的《猎人笔记》的作者屠格涅夫逢人便称赞你。他说：'这位青年人如果能继续写下去，他的前途一定不可估量。'"

作者收到姑母的信后欣喜若狂，他本是因为生活的苦闷而信笔涂鸦以打发心中的寂寥，由于名家屠格涅夫的欣赏，竟一下子点燃了他心中的火焰，找到了自信和人生的价值，于是一发而不可收地写了下去。后来被屠格涅夫言中，成为了具有世界声誉和世界意义的思想家和艺术家。他，就是列夫·托尔斯泰。

生活中，每个人的心灵深处都有一种被欣赏的渴望。欣赏与被欣赏是一种互动的力量之源。欣赏者必须具有愉悦之心、仁爱之怀、成人之美的善念；被欣赏者必会产生自尊之心、奋进之力、向上之志的动力。

美国心理学家之父、哈佛大学教授威廉·詹姆斯说："人性中最本质的渴望，是得到别人的赞赏。"成人如此，儿童更是如此。美国心理学家戴维·奥苏贝尔认为，附属驱力是儿童学习动机的重要来源。在儿童早期，附属驱力最为突出，他们主要寻找的东西，是家长的认可和赞赏，儿童在这期间为学业成绩而努力，实际上是满足家长的一条途径，借此继续得到他们所渴望的赞许和奖赏。在学校，儿童往往把教师看作家长的代理人，以上述同样的方式看待教师的赞许和奖赏。

欣赏是一种期望，欣赏是一种动力。作为班主任，我们更要学会欣赏学生。每个学生，不管是优秀生还是学困生，当他感觉到被欣赏时，他便得到了一种动力。因此，欣赏学生是对学生日常进步的肯定，能固化学生的自信心，激活他们的潜能，是促进学生进步和发展的强心剂。

那么，欣赏从哪里来？欣赏来自科学的思维方式和正确的施教手段。欣赏应该具有针对性，注意"因材施教"，才能收到良好的效果。否则，就会事与愿违。

一位班主任曾讲过这样一件事：我班学生小A，行为习惯很差，上课总爱做小动作，放学后喜欢和一群"痞子"学生混在一起，常常不能按时回家。在学校骗老师说家长带他到哪里哪里做客了，所以作业不能完成；在家里骗父母说老师没有布置作业，结果成绩红灯高挂。抱着"没有孩子是差生"的理念，我对他开始了赏识教育。上课时，总是让他回答最浅显的问题来激发他的自信心，下课时总是单独跟他谈心，指出他尊敬师长、为人仗义的优点，我努力寻找他的闪光点并当众给予放大。甚至在上课不守纪、作业不能完成等方面我都站在他的角度考虑，为他开脱。我的宽容刚开始时还能换来他一两天的认真，后来，只有一两节课，到最后，宽容和欣赏完全失效，他依然天马行空，我行我素。

经历这次失败之后，我进行了系统的反思：

1. 他为什么不完成作业？通过家访，我了解到小 A 在小学时学习基础就很差，经常考试不及格，作业也潦草应付，他甚至还没有养成认真做作业的习惯，每天晚上 8 点钟之前就睡觉。他回家也常常跟父母讲起老师如何如何表扬他，一脸的开心。但父母去检查他作业时却哭笑不得，他连最基本的题目都做错且思路不清，遇到难度大点的题目，他不是不想做，而是根本不会做，与其交白卷，不如两头骗。

2. 他的行为为什么不跟进？小 A 的行为习惯差，不是一两天内形成的，而是长期积淀的结果，可谓根深蒂固。一个十二三岁的孩子，处在一个自制力较弱的年龄段，没有一定的外在压力，要改变他沉积多年的不良习惯与思维方式，很难！

3. 他为什么不感动？鲁迅迟到一次印象深刻，在课桌上刻下"早"字，从此不再迟到；陶行知的学生在"四颗糖"的作用下痛哭流涕，从此痛改前非。在生活中，很多人因为某件事的触发，或刺激或宽容或赏识或共鸣而"从此以后不再⋯⋯"。小 A 如此受老师欣赏，怎么没有一点感觉？这和老师欣赏的技巧有关，更与学生本人没找到"人生省悟点"有关，不是所有的学生在欣赏之下都有一个好的结局，感情丰富、容易感动的学生可能会更早地迎来他的"人生省悟点"。

基于以上认识，我调整了自己的教育策略，不单把欣赏落实到语言上，更注重深入孩子的心理，根据孩子的实际情况，把欣赏落实到持续的行动中。

（1）帮他补课。作为语文老师，我经常在课后把小 A 叫到办公室，或辅导作业或检查背诵或复习课文或解答疑难，同时，要求其家长为小 A 请"综合型"的家教，从而解除了小 A 在学习上痛苦无助的现状。

（2）矫正行为。沉疴用猛药，对小 A 沉积已久的陋习，除了因势利导之外，我采用了严格管制与当头棒喝的策略，当其上课出现不良行为时，我采取课后半小时反思及诚信度减分的办法，且给予当众批评。如此强制定型，使小 A 收敛了上课无所忌惮的行为，从而提高了他的听课效率。

（3）培养情感。任何一种欣赏行为，只有被孩子接受并转化成内趋力，才能真正起到引领作用。从这个意义上讲，被欣赏对象有丰富的情感、较好的领悟力是欣赏成功的关键。我经常推荐一些有关父爱、母爱、师爱类的文章给小 A 读，经常跟他讲述我自身成长经历中的几个关键点，经常向他介绍古今中外名人被欣赏后奋发成才的例子。同时，我还坚持和他谈心，让他感受到老师对他的亲近与期待……

如此，通过三管齐下的方式，到期末时，小 A 不管是品行还是学业都取得了较大进步，期末成绩除了英语依然不及格外，其他几门功课都达到 70 分以上，还被评为班级"行为规范生"呢。

由此案例可以看出，欣赏学生的目的在于促进学生健康成长。班主任，当面对失败的赏识时，不能急躁，更不能放弃。首先要充分估计学生可能会遇到的困难，不单从语言上欣赏，更要从行动上欣赏，切实地帮助学生克服困难。其次，欣赏不是无原则地表扬。恨铁不成钢时，偶尔用点猛药往往能收到意想不到的效果。有时，批评也是一种欣赏。最后，也是最关键的一点，就是教师不但要从情感上亲近学生，更要培养学生丰富的情感，增强学生对人对物的领悟能力。这样，学生的"人生省悟点"才会提前来临，我们的赏识教育才能发挥应有的作用。

总之，班主任只有懂得欣赏学生，学会欣赏学生，善于发现他们各自的独特之处，善于抓住时机因材施"赏"，赞赏他们的进步和闪光点，才能激发学生自我实现的信心和动力，学生才会加倍努力。这时，教师的期望才会得到实现。

好学生是"夸"出来的

泰戈尔说过："不是槌的打击，而是水载歌载舞，使鹅卵石臻于完美。"如果说犯错误的孩子是"石"，那么班主任就要做让"石"臻于完美的"水"，因为只有这样，才能把粗糙的石头打磨成美丽的"鹅卵石"。

在一位班主任的身上曾发生过这样一件事：班上一位男生初中时就有早恋倾向，行为规范很成问题，连他那个受人尊敬的在政法部门工作的父亲也对他失去了信心。大家都像对"阿Q"一样看待他，他也就破罐子破摔。开学快两个月了，我竟然难以在他身上发掘出闪光点。我想尽办法给他创造机会，让他表现自己，谁知他竟故意拗着劲儿和我对着干，常常影响到其他同学，甚至在全校活动中让班级同学出丑。他还在班里给所有老师起外号，令老师难堪。这样一个令人头痛的人，难道真无药可救了吗？

一次轮到我班在门岗值日，天上突然下起了毛毛细雨，照以往的情况，这个岗就可以撤掉。我正准备去撤岗，忽然发现他笔直地站在那里，笑容可掬地向走进校门的师生问好致意，于是我打消了撤岗的念头，为他撑着伞，和他站在一起。当时我什么也没讲，回到教室后，我站在讲台上，第一句话是："我今天很感动，一位同学的思想境界远比我这做老师的还要高，他的行动让我体验到一种高尚，我要向他学习。"然后我点出他的名字，全班同学那惊讶的目光齐刷刷地射向他，我带头鼓起掌来。在同学们热烈的掌声中，我看到一种晶莹的东西在他眼中滚动。

第二天中午，卫生委员布置一个临时的清扫任务，我发现第一个拿起扫把的竟然是他。其实，再淘气的孩子身上也有亮点，只是做老师的没有及时捕捉到。套用一句话：学生身上并不缺少美，只是做教师的缺少发现。我抓住这一教育鼓励的契机，以"我眼中的好学生"为题，在班会上表扬他。渐渐地他变了。此后，运动场上少了一个横行霸道的人，课堂上多了一个积极思考踊跃回答问题的人；餐厅里少了一个插队抢饭的人，图书馆里多了一个埋头阅读的人；放学路上少了一个打架斗殴的人，公交车上多了一个主动让座的人。

记得有位教育家讲过，追求社会的承认是催人进步和前进的原始动力。成功教育之所以能受人垂青，原因正在于此。

人的情感依赖性最强，正处于思想尚未成熟但自我意识又很强的学生，能够得到外界的客观首肯，那将是一种触动心灵的激动，这种激动是以内心的满足为基础的。因而不经意的一句夸奖甚或有意的夸奖，对于一个常常得不到别人青睐的人，对于他心灵的触动都将是非常巨大的，但是这一点又常被成人们所忽视。

有人说，好孩子是夸出来的，这话一点不假。夸奖只是一种形式，其实质是对人格尊严的一种维护。每一个人都希望维护自己做人的权利，只是这种权利被贬低之后，才进而放弃维护自己人格尊严的努力。成功的教育者应清楚地认识到，人可以一无所有，但一定要有人格尊严，这是他立命的所在。让一个人觉得自己是受人尊重的，他就会自尊自重。

法国教育家第惠多斯说：教育的艺术不在于传授本领，而在于提升激励、唤醒和鼓舞。这种饱含着情感的激励、唤醒、鼓舞，对于每一个学生的人格尊严都是有价值的，都会对他们产生令人欣喜的力量。只要我们不吝惜夸奖，每个孩子都可以成为在某一方面更优秀的孩子！

班主任老师，多夸夸孩子吧！

做育苗大师，不做拔草专家

美国前总统克林顿参观兵马俑时，曾问：这兵马俑是谁发现的？人们告诉克林顿，是一位姓杨的老农民。他在家里挖井时，挖出一个与众不同的瓦块，感觉很不一般，就交给了当地的文物部门。经过考察，结论是这个瓦块是秦始皇时代的殉葬品——兵马俑。克林顿十分佩服这位老农民，提出想与他见见面。老农民来后，克林顿掏出一个小本子，恭恭敬敬地请老人签名。老杨头不识字，便认认真真地在上边画了三个圈。

当地一位书法家教老杨头写字，只写他的名字那三个字。现在，这位老人天天在兵马俑博物馆签名售书，吸引来大批游客。

导游还告诉我，由于发掘出了兵马俑，这里昔日贫瘠的土地成了旅游胜地，中外宾客纷至沓来、络绎不绝，过去生活贫穷的农民也一天天富裕起来。当地农民中流传着一副挺有趣的对联：

上联：翻身不忘共产党

下联：幸福不忘兵马俑

横批：感谢老杨

仔细想一想，我们应该感谢老杨。他挖出一个瓦块，看到了它的不同，发现了它的价值，这才让我们今天看到了兵马俑。

作为班主任，我们也应该拥有一双像老杨那样善于发现的眼睛，不断发现学生的闪光点，不断发现孩子身上的价值，这样学生们将来也会感激我们的。

一位著名学者在一次讲座中说道：要做育苗大师，不做拔草专家。如果你习惯发现孩子的缺点、劣势、短处、不成功之处，并且因此经常性地批评孩子，指责孩子，否定孩子，你就会看到，孩子会越来越表现得像你所批评的那样，越来越符合你所指责的那种不成功的形象，孩子的缺点会越来越多，会离成功越来越远。相反，如果你总是期待孩子成功，努力发现孩子的优点、优势、长处、闪光点、成功之处，并且发自内心地赞美孩子，表扬孩子，肯定孩子，你就会看到，孩子会越来越表现得像你所表扬的那样，越来越符合你所赞美的那种成功形象，孩子的优点会越来越多，孩子会越来越走向成功。可见，拥有一双发现的眼睛对于学生的成长是多么的至关重要。

下面这位班主任的经历就很好地说明了这个问题。

初二（5）班是个闻名全校的乱班：上课，下面的说话声比老师讲课声高几倍；老师批评，安静不了几分钟，又乱成一锅粥。谁上这个班的课，谁都是硬着头皮来，顶着满头官司回。教过初二（5）班的老师说：这个班特点是"三不"，学生不怕考零分，不怕请家长，不怕受处分；撼山易，改变初二（5）班难。班主任走马灯似的换了几个。女老师不出三天，就会哭着辞职；男老师不出一周，死活不再带这个班。学校经行政会研究，决定派我挂帅，只因为我已经带过十几个班级了，领导认为我总有些新的招数。我明知山有虎，偏向虎山行，十分爽快地接受了任务。

第一节语文课，我走上讲台，说："我很高兴担任初二（5）班的班主任。我姓什么，请大家猜个谜语——加拿大盛产美丽的贝壳。"这独特的开场白出乎顽皮孩子的意料，教室里难得地静了下来。一会儿，自称"八大金刚老三"的高易，既没举手，也没站起来，嚷道："加拿大取头字'加'，贝壳取头字'贝'，合起来是'贺'字。你说我没有说错吧！咱铁头老三够威够力吧！"我皱了皱眉头，暂且避开礼貌问题，说："李立明同学真够威够力，了不起！"很长时间没听人叫自己的大名了，没听过人公开表扬自己了，李立明咧咧嘴笑了笑，同时也有点羞涩因为自己刚才说的多余的话。我接着说："我是教语文的，卖什么咱吆喝什么，今天咱们做作文。"一听要做作文，教室里立即炸了窝。"八大金刚"老大嚷道："咱爷们儿可不会作文。""老二"文明些说："老师，您就饶了我们吧！我们这帮吃货哪会写什么作文啊！"出现这样的结果，本在我的意料之内。

待议论声停息后，我说："今天的作文很特殊，大家一定会做，还特别省劲。"学生更纳闷了，连"老大"、"老二"都瞪着眼闭着嘴，静等下文。"这次作文，大家随便点。别像头次上轿的大闺女。"老师竟然把自己比作大闺女，这群狂放不羁的小野马听着有些新鲜。"下面我可说了，看谁聪明?"我看见不少人攥紧拳头，心中窃喜。"人有幼年、童年、少年、青年、壮年、老年，世上有春季、夏季、秋季、冬季。除用文字外，请你说还可以用什么方式表现四季?"这可是新鲜的问题，贾林举手说："老师，我看可以用画。春天怒放的桃花、夏天碧绿的荷叶、秋天金黄的稻浪、冬天洁白的大雪，不都是画家笔下的主角吗?"我赞道："贾林同学简直是个诗人啊!"王旭说："用歌用诗也可以表现四季。如《桃花盛开的时候》、《沁园春·雪》、歌剧《白毛女》……歌里有乾坤，诗里有春夏秋冬。"受鼓舞的徐颖说："舞蹈也可以表现四季，我们可以从舞蹈演员的动作、表情体会到春天的明媚、夏天的酷热、秋天的喜悦、冬天的严寒。"生动的描述在师生面前展开了一幅幅的画面。初二（5）班头一次学习气氛这样热烈。自称"八大金刚老大"的李强也站起来说："老师，我看用口技也可以表现四季。"说着便用口哨模拟春天小鸟的叫声、夏天的蝉鸣、秋天骏马的奔腾、冬天北风的尖叫。过去他常用口技在课上起哄，闹得老师讲不了课。今天他把口技用在作文上，我兴奋得难以抑制了："同学们的发言太精彩了，李强同学的口技太迷人了，大家都有一技之长，咱班大有希望。把刚才大家说的、表演的写在纸上不就是作文了吗? 作文有什么难呢? 请同学们课下写篇作文《生命的春天》。"连调皮大王李强都点了头，我明白初二（5）班已经揭开新的一页了。

对一个纪律上乱、学习上糟、心理上逆反的差班，这位班主任不是压制，不是以硬碰硬，而是给他们铺一个较低的台阶，巧妙地鼓励他们、引导他们找出自身的闪光点，增强信心。这位班主任的做法值得我们学习。

罗曼·罗兰曾经说过："我们的生活不是缺少美，而是缺少发现。"对于班主任来说，我们不仅仅要教会学生知识，更应该做学生的伯乐，"千里马常有，而伯乐不常有"，缺少伯乐，永远都不会有千里马。

学生都有特长，都有闪光点，班主任就要做一个慧眼独具的伯乐，善于挖掘、培植、扩大学生的闪光点！

教育，重在激发孩子的内驱

曾经看过这样一个故事：

一次，拿破仑的手下一个不会游泳的士兵掉进水里，岸上那些同样没有"水性"的同伴慌作一团。拿破仑见状，拔出手枪对落水者喊："您赶快游回来，不然，我就开枪了。"说着，真的朝水里开了两枪。落水者一紧张，拼命地挥手动脚，居然不知不觉地就划到了岸边。他不解地问拿破仑："陛下，我都快没命了，你干吗还向我开枪？"拿破仑笑了："傻瓜，不吓你一下，你就真的淹死了，你看这几个人谁能救你啊？这么一吓，你不是自己回过头来救了自己吗？"

确实，在正常情况下，一个不谙"水道"的溺水者，除了被人救起，结果往往是身亡的。而这个士兵在既不会游泳、又没人能救他的情况下，居然挣扎到了岸边，他依靠的完全是自己，是置之绝境以后的拼搏，是彻悟了"只有自己才能救自己"以后，靠潜能、靠挣扎而获得的成功。由此，我想到了我们在孩子教育上，是否也应该有一点反思，有一点悖理探究。

是啊，关心孩子，为孩子提供一切尽可能优的条件，这是学校、老师、家长应尽的义务。然而，我们所做的一切，只有化作孩子自己的主观欲望和强烈内驱才会有效果。孩子身体弱了，我们要让他知道，身体的强壮对生存和创业意味着什么，他才会自觉地注意营养、锻炼体魄；孩子成绩差了，我们要让他清楚，未来社会对人的综合素质具有怎样的要求，他才会知难而上，奋发争先。没有求生的本能欲望，不善水者难以游向彼岸；没有向上的主观要求，后进者难以跻身先进的行列，一切的客观劳动，都应努力转化为被帮助者的主观意识，只有这样，我们这些家长、老师才能事半功倍，事与愿圆。

现在，研究教育的人都十分注重研究学生，而研究学生的重点是研究学生的自主能力，这就是从根本上激发学生的主观能动性。

我们不妨看看一位小学五年级班主任的做法。

我校五年级有三个小女孩，我发现她们经常聚在一起，好像是在研究什么，而且每次都是在学校的某一个角落里，每次我问起她们做什么的时候，她们都说没在做什么。后来，我从其他学生那里了解到，原来她们在搞歌曲创作，我仔细思考：搞歌曲创作是一件好事，可为什么她们不敢在同学面前、在教师面前、在校长面前展示呢？原因肯定是因为缺乏成功的体验，所以才不敢表现自己，因此，必须要给她们一次成功的机会。所以，我在学校艺术节前一个月左右的时间跟她们进行了一次深入的交流，我答应艺术节汇报演出加进她们自创的歌曲。之后，我又找教师对她们的自创歌曲进行精心辅导，使她们创作的歌曲更加优美动听。艺术节上，她们的自编歌曲《蓝天使》演出非常成功。在公布获奖名单的时候，我宣布《蓝天使》获本次艺术节"特别创新奖"。从这以后，在校园里出现了"蓝天使"演唱组，校园里到处能看到她们的身影，到处能听到她们的歌声，电视台还对东关模范"蓝天使"组合进行了专门报道。

读到这个故事，我不禁为这三个小女孩有这样好的老师而拍手称赞！她们的老师不仅表现出了对学生的爱和责任，而且充分体现了教师高超的教育智慧，可以用一句话来概括：慧眼识金，挖掘学生潜能助其自主成长！

"慧眼识金"指的是教师运用自己的专业智慧去发现和挖掘学生的兴趣与特长；挖掘学生"潜能"指的是教师挖掘了学生潜在的能力，这也正是故事中那位班主任教师的高明所在。因为，潜在能力是还没有表现出来的，但是有可能通过开发就能够具备的能力；"自主成长"指的是教师充分调动了她们内在的积极性而不是仅仅通过改变外在的教育方式甚至走偏激的路来实现。实际上，"慧眼识金"是挖掘学生潜能助其自主成长的前提与基础，挖掘学生潜能助其自主成长是"慧眼识金"的根本目标。

慧眼识金，挖掘学生潜能，助其自主成长，有其科学的理论基础。

什么是潜能？从字面上来理解，就是潜在的能力。脑科学研究结果表明：人的大脑理论上的信息储存量，相当于藏书 1000 万册的美国国会图书馆的 5 倍，大脑的潜能，几乎接近于无限。但是，到目前为止，人类普遍只开发了大脑的 5%，仍有巨大的潜能尚未得到合理的开发。英国心理学家、教育家托尼·布赞简明地指出："你的大脑就像一个沉睡的巨人。"心理学家詹姆斯说："我们只不过清醒了一半。我们只运用了身体上和精神上的一小部分资源，未开发的地方很多很多，我们有许多能力都被习惯性地糟蹋掉了。"因此，开发学生潜能，已经成为当代教育工作者普遍的共识。今天学生没学会的东西并不等于明天学不会，今天学生做不到的事情不等于明天也做不到，关键是教师要有慧眼识金的意识、态度和能力，把学生的这些潜能开发出来。

差异心理学告诉我们，学生存在智力水平、结构和发展与成熟的早晚差异以及人格类型和特质的差异等。

美国哈佛大学教育学教授霍华德·加德纳的"多重智力理论"为我们对这个问题的理解推开了一扇新窗。

加德纳认为：每个人都有多种彼此相对独立的智力，这些智力之间的不同组合就构成个体间智力的差异。问题不在于一个人多聪明，而在于怎样聪明，在哪些方面聪明。他把人的最基本的智力分为七种：语言的智力；逻辑的数学的智力；视觉空间的智力；音乐的智力；身体动觉的智力；人际交往或"社会"的智力；进入内心或直觉的智力。

"多重智力理论"使我们注意到，对于智力组合各不相同的孩子，如果我们的教育只偏重语言和数理逻辑，那么，这种教育是有缺陷的。仅仅将孩子们语言、数理能力的发展看作是学习与智力的发展的观念也是狭隘的。因为社会不仅需要数学家、文学家，也需要画家、音乐家、建筑师、运动员等，即需要多种智力发展的人。

对不同智力占优势的孩子如何开发其学习能力？加德纳的理论启发

我们：对语言智力占优势的孩子，讲和说的方法往往更有效；对视觉空间智力占优势的孩子，图和画的效果更佳……

传统的智力观重在考查学生已经获得的能力。因此，它是把智力作为一个静止的结构来看待，于是它对孩子们今后的学习潜力有多大的回答就显得无能为力。按照加德纳的理论，智力是动态发展的，而且也不是少数"精英者"的专有品，它是每个孩子都不同程度地拥有并表现在不同方面的能力。那么学习成绩就不是衡量学生智力高低的惟一标准。

由于智力具有动态发展性、多样性、广泛性，所以教育如能提供更加丰富的信息，采取更加多样的手段，就可使具有不同智力组合、不同智力优势的学生的学习潜能得到充分开发。

有效学习也并不仅仅与智力有关。学习心理学的理论表明，学习是一个综合系统的过程，需要学习者学习动机、学习态度、学习方法、迁移能力等多种因素的参与，人们习惯地将这些因素概括为非智力因素。

因此，一个智力发展正常但学习动机不强、兴趣不大、意志力较弱的孩子，也是很难获得好成绩的。所以，对学习成绩不太好但在其他方面有特长的学生，我们建议注意以下两点：

培养意志力。引导他们增强抗诱惑的能力，使之能够把握住自己的特长、兴趣，不致影响课内学习。

进行迁移训练。帮助他们总结经验，学会将特长学习过程中的成功经验顺利迁移到当前学习中。

总之，教育最根本的目的，是要激发孩子奋发向上的热情，这种热情一旦落实在平日的孜孜不倦、持之以恒，就会养成一种学习上的自觉。一旦有了这种自觉，他就会不断努力，不断攀登，最终到达成功的彼岸。而且学习如此，其他亦然。

第二章

对症下药，因人而异

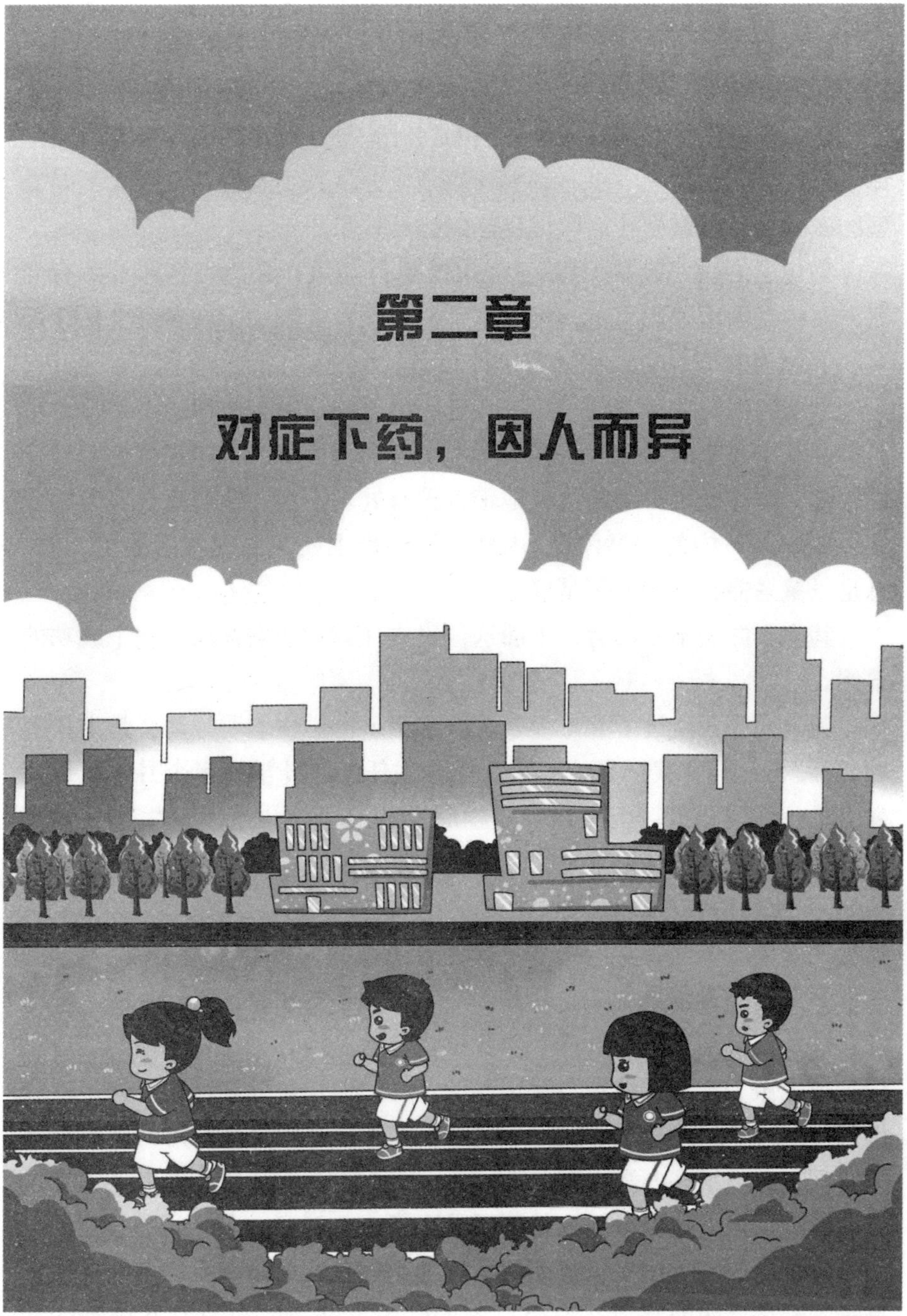

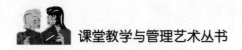

教育"问题生"，"投鼠"亦须"护器"

就如世界上没有两片完全相同的树叶一样，每个学生都是不同的个体。针对不同类型的学生，班主任教师应分析其类型特点，采取不同类型的激励技巧，这样才能取得良好的激励效果。

有句成语叫"投鼠护器"，是说既想打老鼠，又担心打坏了趴有老鼠的器物，因而顾虑重重，难以下手。在教育实践中，许多班主任在面对"问题生"时，也往往怀有这种心态。

所谓的问题生，指的是那些在思想品德和学习方面都达不到教育培养目标基本要求的学生。这样的学生由于学习困难，行为规范上的自律性较差，往往处于班级的边缘地带，稍有处理不当，他们就会成为学校这块"绿洲"中的"沙漠"，因而，许多班主任在处理"问题生"时，总是投鼠忌器，不知如何是好。

其实，办法不是没有，下面这位班主任就为我们提供了一个成功的案例。

新学期，我走进了五年级二班。这个班的学生聪明好动，是出了名的"活跃分子"，我已是他们第三任班主任了。开学刚半个月，班级就发生了一件蹊跷事：坐在某某同学周围的三个学生连续发生了丢钱事件，先是吴蒙蒙放在铅笔盒里的66元钱不见了，接着张朔放在月票夹中的15元备用钱不翼而飞，张端放在书包内的5元零用钱也失踪了。消息在班级一传开，学生们个个都变成了神探，争着抢着嚷道："老师这事不用查，肯定是某某偷的。"孩子们的语气中带有几分鄙视，丝毫没有顾及到某某同学的自尊心。我也暗暗地心生怀疑，将事情与原班主任老师先做了沟通，结果与我预料的一样，原班主任老师十分肯定地告诉我："一定是他拿的，这孩子一上学就有这毛病，为了帮助他改掉这个毛病，想了很多办法，就是改不了。"语气中带有几分无奈。毕竟没有确凿的证据，这件事情也就不了了之了，再观察一段时间看看吧。

不久后的一天中午，我突然发现随手放在教室前办公桌上的手机不见了。天哪，明明是放在办公桌上的，我离开教室也只有几分钟的功夫，手机就不翼而飞了。我试探着问学生："孩子们，有谁看见老师的手机了？"有人在摇头，有人在议论："老师的手机丢了，一定是某某拿的，他又拿老师的东西了，他可真大胆。英语老师的 U 盘就是他拿的。"此时，我焦急的目光不自觉地随同学们那肯定的目光一齐聚焦在某某同学的身上，他的脸红了，手足无措的样子。"老师，我没拿，爸爸说我再拿别人的东西，他就打死我，我真的没拿，我都改了。"辩解中带有几分肯定，也带有几分无辜。"就是你拿的……"学生中又有人说话了，我赶忙制止了眼前混乱的局面，无凭无据地胡乱指责，对某某同学来说其实是一种无端地伤害。我手机丢了的确十分着急，但也决不意味着要以牺牲学生的自尊心为代价找回它，更要从有利于教育学生的角度出发正确地处理好这件事情。

此时，一名女生的一段话打破了教室暂时的平静。这名女生说："老师，你的手机是银灰色，挺大的，是吗？"她边说边用手比划着，"今天中午我在东楼梯的厕所附近，就看见某某手中拿过这样的一个手机"。再看某某同学，此时变得异常地慌张，他大声地一个劲地重复着一句话："老师我没拿，我都改了，不信你就翻我的书包。"可是，他的目光显然不敢与我对视，从他那躲来闪去的目光中，我似乎真的读到了问题的答案。怎么办？就在我举棋不定的时候，我们学校服务部的部长悄悄地告诉我，在那个女生的提醒下，在厕所附近的灭火器箱内找到了我的手机。结果不言而喻，我们都没有冤枉他。

手机是找到了，可是如何教育某某同学却成了难题。他如此冷静，使我吃惊，似乎是一位反侦查的高手，空洞的说教已经显得苍白无力，必须用事实来说话。怎么办？我想到了家长，希望能得到家长的配合，引导孩子主动地承认错误，我深知主动承认错误对教育他来说是多么的重要，也许这个过程就是他克服心理障碍、勇敢面对错误的过程，也是他改正错误的关键。

于是，我给她妈妈打了电话，把事情的经过简单地说了以后，立刻就得到了家长的支持。一会儿，他的妈妈来到了学校，我们商定，先不把手机找到的结果告诉他，而是由他妈妈继续引导，希望他能主动承认，没想到他的态度丝毫没有改变。他妈妈着急了，说了一句："跟我走，把老师的手机拿出来。"说完带着他就朝藏手机的地方走去。他边走边装着找，几乎找遍了沿途走廊所有的灭火器箱，最后在藏手机的灭火器箱前停住了脚步。当他迟疑了片刻后迫不及待地打开箱盖的时候，呆住了，面对空空的灭火器箱子，他变得异常地不安，翻来覆去地找，似乎有些不甘心。当他确认灭火器里真的没有时，终于说了实话："妈妈，手机是我拿的，就放在这里，怎么不见了，我也不知道是怎么回事。"当他和妈妈再一次回到我面前时，终于主动承认了错误。临走时，他妈妈十分愧疚地对我说："老师，我真的很抱歉，孩子的这个毛病就是改不了！"

这个学生在我们的启发下虽然主动承认了错误，可是望着他们母子俩离去的身影，我的心情越发地沉重了。"这个毛病就是改不了！"这句话深深地刺痛了我，这么小的孩子，就养成了随随便便拿别人东西的坏习惯，长大了以后可怎么办？出于一名教育工作者起码的责任心，我多么希望能通过我的努力改变他，多么希望他能和其他的孩子一样健康成长。我突然想起一位老教师曾经告诉过我，她教育学生的诀窍——"谈心"。

由于多方面的原因，某某同学的性格已经变得很孤僻，不愿意与他人交流。如果郑重其事地与他交谈，恐怕很难走进他的心里，思来想去，我决定换一种轻松的谈话方式——带他出去玩。在轻松愉快地游玩中，他高兴地与我讲了许多家里的事和他自己的事，当我们谈到为何经常拿别人的东西这一问题时，孩子流泪了，他的一席话使我不禁为之一震："爸爸妈妈指责我，同学们不相信我，只要班级里丢了东西，一定会说是我拿的，即使不是我拿的也要赖我，与其这样不如干脆偷吧。其实我也想改，我也想像其他小伙伴一样有自己的好朋友。"学生自身的不成熟与现实状况之间的种种冲突，使孩子完全丧失了自我教育的勇气和决心。"孩子，老师来帮你，老师教给你一个好办法，当你想拿别人东西的时候，要努力地在内心克制自己：'别人的东西不能拿'。如果你能战胜了自己的欲望，成功一次就在自己的记事本上画朵小红花作为对自己的奖励。"他十分高兴并开始认真地照做。这期间我也经常地与他谈心，及时了解他内心真实的想法，及时调整教育策略，对他我说的最多的一句话就是："老师相信你，你能改。"

一段时间后，我发现他已经好长时间没在本子上画小红花了，便问他为什么，他自豪地告诉我："老师我已经好长时间没有这种想法了。"我高兴极了，除了大加赞赏之外，又进一步因势利导说："从现在起，如果你能一个星期没有想拿别人东西的想法，你就在小记事本上划掉一朵小红花，等小红花都在你的本子上消失了，你的这个毛病也就真的改了。"他自信地告诉我："老师没问题，我保证做到。"

在班级，我还积极营造良好的氛围，学生单纯幼稚的思维定势会严重地影响个体的和谐发展，也不利于良好、和谐班风的形成。为此，我努力创造机会，让他为同学为班级服务，发现进步及时表扬，帮他培养自信，在同学中树立威信，让同学们真切地感受到他的进步，承认他的进步。通过这种方式逐渐改变了同学们对他的印象。在此基础上进一步开展与他手拉手活动，同学们踊跃参加，他有了学习上手拉手的伙伴，也有活动中手拉手的伙伴，慢慢地他也有了自己的好朋友，他现在已经可以跟同学一样快乐地学习，快乐地生活了。

与家长有效地沟通以及教给家长如何正确地教育学生是我要做的另一项工作。"爸爸会打死我的"这一句话一直萦绕在我的耳边，显然，简单粗暴的棍棒教育，并没有从根本上使孩子明白随便拿别人东西的危害性，也不能有效地帮助孩子改变错误的行为，正所谓治标不治本。一句"这个毛病就是改不了！"更让我深深地体会到了家长的无奈；一句"这个毛病就是改不了！"会使孩子丧失改正错误的勇气和信心。人非草木，孰能无过。若家长及时转变态度，正确教育孩子，家校协同一致，才能取得事半功倍的效果。

一年多过去了，一件小事让我确认他的毛病真的改了。这天，中队长因晚间有事，把手机带到了学校，放在了书包的夹层里，当她惊呼手机不见时。同学们都在安慰她好好地找找，无一人怀疑某某同学，再看某某同学，他是那么的坦然，那么的自信。看着同学们的表情，我不禁长舒一口气，谁说这个毛病改不了！

不久前，他被光荣地推举为学校升旗手，他的家长激动地同孩子一起参加了这次庄严的升旗仪式。之后，他又报名参加学生赴新加坡学习考察活动，活动中担任体委一职，还被评为优秀学员。

让"问题生"和谐发展确实是一个严肃而复杂的难题，它不仅能检验出教师的责任心，还能衡量出教师的施教水平。这则案例说明具有专业水准的班主任教师在对有问题的学生的教育中，只要采用激励原则，就可以做到既"投鼠"又能"护器"。

案例中的老师遇到的这个"问题生"身上有一只"大鼠"，偷摸别人东西的坏毛病，甚至在众目睽睽之下也无所顾忌地顺手牵羊。他不仅偷同学的钱物，甚至连班主任的手机也敢偷。家长、同学都认为他的"这个毛病改不了啦"，显得无能为力，如此下去后果将十分严重。这位老师决心帮助他铲除这只"老鼠"。

首先是教育思想的定位。小偷小摸是一种严重的错误行为，对此种行为不能姑息，必须严肃对待，加以教育。但由于犯错误者还是个孩子，教育必须采取激励原则，以不伤害其自尊心为前提。还充分体现了教师的良苦用心，投鼠还要护器呀！

其次是教育方法的选择。方法是为目的服务的。为了使孩子不跌倒，向前走，无压力，老师采取默默观察、个别谈心、与家长协作等和风细雨的工作方式，找出隐藏于孩子内心深处的错误根源，对症下药，收到投鼠护器之效。

第三是教育机制的构建。学生不良习气的纠正是具有反复性的，建立一个长效激励机制是十分必要的。为了从深层次，也就是从内心深处解决问题，师生建立了"画红花制度"，由学生自己进行：每当激励自己抵制了一个坏念头。自己就在一个本子上画一朵小红花；红花越来越少了，说明学生的头脑中积极因素已经占据了主导地位。达到了"投鼠护器"的境界。

这位班主任的做法，值得我们学习。

引导特长生用强项带动弱项

有一句名言叫世界上没有绝对相同的两片树叶。学生亦然，他们的个人素质家庭条件不同，兴趣爱好不同，个性也不相同。班主任如果能抓住学生的某一特长，因势利导，激励起他们对其他方面的兴趣，就会促进其全面发展。

有这样一个案例：校运动会上，我班刘飞飞同学一人打破两项纪录，全班同学为之欢呼，亲切地把他称为"刘飞人"。作为班主任，我也是非常高兴，把他大大地表扬了一番。可运动会后，我渐渐地发现：刘飞飞的学习成绩与日俱下，尤其是他原来就很吃力的外语。分析原因，其中之一体育活动占用了他大量的时间和精力。被业余体校录取后，他除了训练，就是在操场上打球，甚至对同学说："我将来就考体校了，文化课二百多分就够了，学英语没用。"这样下去，我不禁为他捏了一把汗。

怎样唤起他对其他学科的兴趣呢，我找到了他。

首先，我给他讲了一则寓言故事。一天，一个人在海边散步，忽然听到了一个声音：捡一些贝壳和石头放在你的口袋里吧。他下意识地捡了些，回到家里一看，那些石头和贝壳全都变成了金光闪闪的金子。于是，他感到又高兴又后悔：高兴的是他毕竟捡了些，后悔的是他没有捡更多。

接下来，我语重心长地对刘飞飞说："学习又何尝不是如此呢？如果我们能利用在校时的优越条件多学些东西，何愁将来不能立足于社会呢？'艺多不压身'啊！你在体育上有特长，这是好事，可有些体育项目是吃青春饭的。等到你跑不动的那一天，该怎么办？报纸上曾报道：某举重冠军退役后因无一技之长，生活窘迫，靠朋友接济艰难度日，难道你想重蹈他们的覆辙吗？再看看刘翔、邓亚萍、刘璇这些奥运冠军，哪个不是能文能武，不光在运动场上出色，在其他领域里照样出类拔萃，这样的人生才有价值，才真正让人佩服啊！你想做个什么样的人呢？"

一席话，深深地打动了刘飞飞，他对我说："老师，我明白您的用意，我不想当个'体育棒子'，您就看我的行动吧。"

他果然是说到做到。从此以后，除了正常的训练，他坚持努力学习其他学科，成绩日渐起色。一次英语测试，他得了93分，我在他的卷子上写道："有时，鱼和熊掌也可兼得，把你在运动场上的拼搏精神用在学习上，你同样很棒，老师为你骄傲。"

这则案例对于我们如何培养特长生有很大的启发意义。

首先，作为班主任，我们应该意识到，当今社会对人才的要求是多层次、多方面的。对于那些有专长的学生，我们应该正确引导他们，主动帮助他们从自己的某种成就中，体验到成功的喜悦，从而增强自信心，激发进取心，提高学习的自觉性、主动性、创造性，继而使其引起知识迁移，对其他学科产生兴趣，全面发展。

其次，我们也要认识到，理想教育对于学生来说是很重要的，因为他们正处于世界观、人生观、价值观的形成时期。这个时期基础打得好不好，关系到他们将来在社会上立足牢不牢。这则案例中的老师看准教育时机，引导学生把朦胧的想法升华为远大理想，把眼前的现实扩展为广阔前程，帮助学生找到了奋斗的目标，增添了前进的动力，这无疑将使孩子受益终生。教育实践中，教师把尊重个性，因势利导，发展特长与素质教育全面和谐地发展结合起来，较好地贯彻了党和国家的教育方针，这是教师队伍专业化过程中必须解决好的大问题。要做到这一点，教师必须加强自我修养，解决好"一杯水"和"一桶水"的关系，高瞻远瞩，这样才能无愧于"人类灵魂工程师"的光荣称号。

让偏科生"弱科"变强，"强科"更优

学习中，不少学生存在"偏科"现象，他们往往对某些学科感到厌烦，毫无兴趣可言。一旦有了"不擅长的学科"，就等于患了一种学习上的疾病，会给自己的学习、生活带来诸多麻烦。很多专家告诫，要从大的方面引导，让孩子认识到社会需要的是复合型人才，综合素质才是衡量学生的最佳尺度等等。其实这是站在成人的角度看问题。在实际操作中，往往是老师和家长的一厢情愿。尤其对世界观还没有形成的小学生来说，说教更是收效甚微，如何从孩子的角度看问题才是关键。实际上，每个孩子的个性特点不同，学习环境不同，学习方法不同，产生偏科的原因各不相同。班主任只有对症下药，正确引导激励才能有效防

止和根治。

我们先来看下面这个案例：

雨桐是五年级的一名女孩子，论模样，那是女孩中的佼佼者，刚接班我就一下子喜欢上了她。可几次考试后，我发现她数学成绩都是在班级的前列，可语文成绩却总是女孩中的最后一名。事实告诉我，雨桐偏科，而且还比较严重。

一次考试后，雨桐找到我，说自己很努力了，可语文成绩怎么也上不来，她真的失去了学好语文的信心。她的话使我想起前几天看到的一个故事，于是我说："你帮我做一件小小的事情，可以吗？"她点点头。我说："好，现在，请你拿着老师的茶杯去帮老师接一杯水。请你注意，在什么样的情况下，杯子里的水满得最快，用的时间最少。"雨桐走到饮水机前，起先把水龙头拧几拧，开到了最大，结果水"哗……"的一下从杯子里冲出来，溅得她满脸满身都是水，她赶紧将水龙头往回一拧，水还在溅，又一拧，杯子里还有水花，再一拧，水不溅了。她把满满一杯水放到了我的桌子上，我说："在什么情况下杯中的水最容易盛满呢？是水龙头拧得最大，最小，还是恰如其分？"她说是恰如其分。我说你回去吧，你已经知道怎样学好语文了。孩子一脸茫然地走了。第二天她递给我一张条子，上面写道："老师，我明白了，学语文，也像接满水杯的道理一样，只有寻找适合自己的恰当的学习方法，光急没用，欲速则不达！您说对吗？"尽管这里有五个错别字，还有三处前后搭配不当，但我还是向她伸出大拇指，并真挚地朝她点头。女孩脸上绽满了笑容，高高兴兴地回教室去了。

通过观察以及多次与她接触，我了解了她语文学习的障碍：一是识记能力不强，体现在积累上是错字连篇，在词语过关测试中，她连50%的正确率都达不到；二是理解能力太差，对词语、句子和段落的理解感悟连基本的入门都做不到；三是应用能力低，不会造句，作文前言不搭后语，自己却一概不知。

这以后，我经常关注雨桐的语文学习情况。我让雨桐做语文学科的课代表，以培养她学习语文的兴趣，激活她潜在的学习语文的内驱力。上课时经常叫她站起来读书、回答问题。雨桐的声音非常好听，尽管她读书很不流利，我还是多次表扬鼓励她，并经常课下指导她读书，让她回家好好练习，课上读给同学们听。她很听话，每天都坚持回家有感情地朗读课文。接下来的几次考试我都明显降低了难度，因为在很大程度上来说，学生的学习兴趣就是被老师用难题给考低了。当几次考试后，雨桐感到自己也能超过 60 分时，我发现她的眼中有一种异样的光芒。看来自信心是有了，下一步的关键是让她掌握必要的学习方法。

我利用她做课代表之便，时时地与她探讨，并循序渐进地帮助她提高学习能力。她识记能力不强，我们就一起探讨怎样进行记忆。当她背诵段落时，我引导她一边背诵一边想象眼前出现影像，背上句联想下句。为验证她的记忆力并不差，我给她十个毫不相干的词语，让她先看三分钟再进行记忆，第一次她只能记住三个，然后我让她把这些词语重新排列，可以考虑押韵顺口，也可以考虑相近事物，还可以把这些词语编成一个你自己能复述的故事。孩子尝试着去做了。果然这一次十个都记住了。这也许是她首次有这么出色的成功体验，我分明看到了她由于兴奋而涨红的脸。对于错别字，我与她认真分析，并做到以后写字时放慢速度，一边写一边想字的组成以及字的形象、字的意思。这样尝试了一段时间以后，她的语文学习的确有了进步。

当然，要提高她的理解能力和运用能力不是一时之功，但我始终从最基本的方法入手，在懂得了一些方法后，从最简单的练起，让其享受到掌握方法的成功感。学习《圆明园的毁灭》，我让她上网找资料，并做成课件（雨桐的父母都是搞软件开发的，雨桐计算机的操作能力比其他同学都要强），课上讲给同学们听；学习《董存瑞舍身炸暗堡》，我让她对着课题提问题，然后读书寻找答案，最后把问题的答案连起来讲就是这篇文章的主要内容，并告诉她这叫审题归纳法，凡是以事件命题的文章你都可以尝试着运用这种办法；在用词语造句后，我引导她向自己提出问题，诸如：这句话我用上需要造句的这个词语了吗？我写的这句话通顺吗？我加好标点了吗？句子中是否出现错别字，我该怎样改正？

就这样在我耐心的辅导之下，雨桐还真的掌握了不少学习语文的方法。自信心的上升加之方法的掌握，使雨桐不再害怕学习语文，而是充满热情，投入了相当多的精力。课上她再也不是"专职听众"了，积极而有效的参与让这位语文课代表越来越被同学们刮目相看了。

课后我经常推荐一些课外读物给雨桐，有时还亲自带着她一起到书店购买，还不失时机地指导她如何选读课外书。

学校经常搞一些活动，我总是找机会鼓励雨桐去参加，她先后参加了年级组的"数学奥林匹克知识竞赛"、学校组织的"孝心故事演讲大赛"等，每次都取得了较好的成绩。前不久，在升旗的仪式上她代表班级做国旗下的讲话，赢得了全校师生的好评。

这个学期末，雨桐获得了语文、数学、英语三科成绩精英奖。

案例中，雨桐出现的问题主要是偏科问题。偏科的危害是显而易见的，一是在知识上产生缺陷，在学科方面出现"跛腿"现象。由于偏科影响的是某一领域总是"低人一等"。这样不仅影响人的情绪，还将影响继续求学或深造，当今时代的人才必须具有综合素质。这就要求学生各科必须均衡发展，也只有保证了这种发展势头，才能综合提高他们的素质。二是影响其他学科的学习，因为各门学科是相互联系的，缺一就会觉得不协调。正如人缺一只手或一条腿一样，就会觉得有很多不便。

所以，班主任要认真对待学生出现的偏科现象。

对于偏科的学生，要根据国家课程标准要求，积极指导，帮助矫治。针对不同的偏科原因和偏科现象，采取不同的矫治偏科的策略。以下几种激励策略可供参考：

1. 把矫治偏科的着眼点放在激发"弱科"学习的兴趣上

兴趣是学习的最好动力，引导学生培养学习兴趣是提高学生学业成绩的基础工作。学生一旦对学习产生了浓厚的兴趣，学习就会有强大的内驱力。在上面的故事中教师激发兴趣所采用的方法有：一是放低要求，用目标激发兴趣。当教师发现雨桐严重偏科时，并没有马上急于补习，而是放低考试的要求，用比较简单的试题，获得"该生较为满意的结果"，这样很快便能激起再接再厉的勇气，兴趣就会越来越浓厚。二是用信任和优势引导兴趣。即使再偏科的学生，在该学科的学习上也应该有他自己的优势，教师要信任他们，并充分重视优势促使学生们兴趣的形成。如故事中的教师让雨桐做语文学科的课代表，并发挥她读书声音好听的优势，以此为"兴奋点"培养兴趣，建立信心。三是用兴趣激发兴趣。学生对"弱科"没有兴趣，而对某项活动有兴趣，可利用某项活动兴趣，迁移到"弱科"学习上来。如让雨桐作课件，学生佩服雨桐的能力，她自己也会享受到成功的快乐。

2. 把矫治偏科的着力点放在课内外的结合上

偏科生对"弱科"学习既缺乏兴趣，还有畏难情绪，遇到困难往往知难而退，所以教师的跟进显得非常重要。认真上好每一节课，经营好自己的课堂，给"弱势群体"多一些参与的机会，并多一些表扬和鼓励；有计划地辅导好课下，遥控好课外，包括当面循序渐进的辅导，电话沟通，班级网站上的论坛等。只有课内外有机结合，科学掌控，才能培养"弱科"学生学习的意志，养成勤学不懈的品质。

3. 把矫治偏科的侧重点放在培养"弱科"的能力上

矫治"弱科"学习，除了激发兴趣，课内外有计划地跟进，培养学生的学习意志，还要把侧重点放在培养能力上。如语文是一个学生的"弱科"，那么，教师应该帮助学生提高识记能力、概括能力、理解能力以及运用能力等。当然，"冰冻三尺非一日之寒"，培养能力是一个较长的过程，教师要善于发现学生能力上的不足，进行强化与补救训练。上面故事中的教师在培养雨桐的能力上的确花了不少的工夫，但看教师的辅导就可以感受得到，教雨桐背书、记忆词语等，并不是让其死记硬背，而是通过在添加、生发和构建过程中的识记；为杜绝写错别字，教师引导学生用"分解——组合表象策略"（一边写一边想字的组成以及字的形象、字的意思）；在概括主要内容时，教师把三种知识都有机地渗透给学生——陈述性知识（审题归纳法）、程序性知识（先对着课题提出问题，再读书寻找答案，然后把答案连起来说）和条件性知识（事件命题的文章）；在理解课文时，让其查找资料，这样更有利于对课文内容的理解，"先行组织者"策略在这里发挥应有的作用；而在引导学生正确用词语造句时，教师让学生自己给自己提出问题，便于细致检查，正是因为教师特别注重学习方法的运用和学习能力的培养，所以才使偏科比较严重的学生在学习"弱科"上进步如此之快。

4. 把矫治偏科的落脚点放在促使学生素质的全面发展上

矫治学生偏科需要教师、家长、学校等多方配合，各种方法整合运用，最终要力求达成各学科的平衡发展。对于偏科的学生，家长和教师都要多搭建展示他们才能的平台，在他们积极参与活动的过程中，能促使学生素质的全面发展。如上面故事中，让雨桐发挥优长学科的潜能，参加"数学奥林匹克知识竞赛"，发挥弱势学科的潜力，如让其讲孝心故事，国旗下讲话等，这样在强化"弱科"的同时，促使"强科"更优。

5. 注意培养学生的自信心

偏科学生普遍对薄弱学科缺乏信心，望而生畏，少投入或干脆不投入。面对基础好的学科则越学越有兴趣，花的时间也就越多。针对这种现象，老师、家长、学生必须树立共同的观念："亡羊补牢犹未晚。"鼓励学生重新树立起学习的信心，确立切合实际的目标，使他们具有勇于挑战、越是困难越向前的斗志。教师则应深入了解，掌握学生的知识缺漏情况，做到能对症下药。加强学法指导，把学生真正作为学习的主体，当他们获得一点进步时，教师应充分地肯定和表扬。只有这样，才能激励他们充满自信，勇往直前，不断进步。

优等生："响鼓亦须重锤敲"

所谓优等生，是指那些在思想品德和学习成绩方面都高于教育培养目标对该生年级段所提出的基本要求的学生。这些班级中的优等生，常常会受到家长捧、邻居夸、老师爱、同学敬，这种得天独厚的优越地位，使他们形成了独特的个性心理特征。

优等生具有较强的进取精神。他们坚信通过自己的刻苦努力，一定会向着更高水平发展。优等生的这种心理特点容易使他们养成骄傲自大，看不起同学，不能容忍批评等不良品质。

优等生具有较强的荣誉感。这荣誉感能强化优等生原有的学习动力，从而形成新的学习动机，促使他们积极上进，去争取更大的荣誉。但是，如果在追求成绩和荣誉的过程中得不到及时正确的引导和教育，就有可能转化为爱慕虚荣，过多地考虑个人得失，而不顾集体和他人的利益。

优等生具有强烈的超越同辈群体的心理趋向。但这种心理趋向如果处理不好则会发展为嫉妒心理，成为他们发展的障碍。

优等生在班集体中具有一定的威信，影响面也大，在与班主任的交往中扮演着与一般学生不同的角色。因此，在了解优等生个性特征的基础上，班主任可从以下几方面着手做好优等生的激励和教育工作。

首先，对优等生的教育要高标准、严要求，决不能只看到其优点，偏袒其缺点，更不能把学习成绩作为衡量优等生的惟一尺度，从而在"一俊遮百丑"的思想影响下，放松对他们思想品德上的要求。班主任应该经常提醒他们与同学友好相处，取长补短，不断向更高的目标攀登。

王明一直是班中的佼佼者，在学校的各项竞赛中，他总能为班级、为自己争得荣誉，老师和同学都以他为荣。有一次，学校举行作文比赛，可那天王明生病了，老师就派了另一个同学小吴去参加，结果小吴得了第二名。王明知道后，笑着对其他同学说："有什么了不起，如果我不生病的话，肯定能得第一。"班主任获悉后，把他叫到办公室，给他讲了一个故事：从前，有一个人，他到一位木匠师傅那里去学手艺，因为他很聪明，所以没过多久，他就已经会做基本的家具了。他觉得自己很了不起，就不想再继续学，告别师傅回去了。可到了村里，他才发现，他们村的几位木匠做出来的家具别具一格，比他的好多了。那人顿时觉得无地自容……故事还没讲完，班主任就已经看到王明羞愧地低下了头，他低声说："班主任，我错了，我不该骄傲自满，瞧不起别人，我以后不会再这样了。"班主任看到王明认识到了自己的错误，就因势利导地说："老师知道你很出色，但不要忘记人无完人，每个人都有优点和缺点，你要和同学融洽相处，互相帮助。"王明豁然开朗。

其次，当优等生在准备不足的情况下出现挫折的时候，班主任应给予真诚的鼓励，使他们保持心理平衡，保持旺盛的斗志，引导他们在哪里跌倒就在哪里爬起来。

例如，校刊中经常发表同学们的作品，中队长小于也积极投稿，总以为这是轻而易举的事。可不知为什么总是不能如愿，小于有些气馁了，他开始怀疑自己的写作水平，变得越来越不自信。班主任许老师及时发现了这一情况，他鼓励小于继续投稿，并帮小于一起分析以前文章中存在的不足，指明他努力的方向，过了一段时间，终于在校刊上看到了小于的文章。

再次，要帮助优等生消除嫉妒心理，培养正确的竞争意识。正因为优等生具有强烈的超越同辈群体的心理趋向，因此很有可能会产生嫉妒心理。班主任要引导他们对嫉妒有一种正确的认识，并能认识到它的危害，要告诫学生，别的同学某方面比自己好，不能嫉妒，要寻找差距，奋起直追。班主任如果察觉到某位优等生有较强的嫉妒心理，应及时进行疏导，帮他树立正确的竞争意识，引导他的心理沿着健康的轨道发展。

另外，班主任要掌握好对优等生的表扬与批评的分寸，既不可过多地集中表扬，也不要吹毛求疵。既充分发挥他们的智慧和才干，也要在工作实践中教育他们处理好个人与集体、工作与学习、权利与义务、责任与荣誉的关系，促使他们不断进步和完善。

绝不放弃后进生

一个班里肯定既有优等生，又有后进生，作为班主任，千万不能因为后进生学习不好或表现不好而放弃对他们的培养与转化。苏霍姆林斯基曾感叹："从我手里经过的学生成千上万，奇怪的是，留给我印象最深的并不是无可挑剔的模范生，而是别具特点、与众不同的孩子。"教育的这种反差效应告诉我们，对后进生这样一个"与众不同"的特殊的群体，教育者必须正确认识他们，研究他们，将浓浓的师爱洒向他们，让这些迟开的"花朵"沐浴阳光雨露，健康成长。下面就是一位班主任激励帮教后进生的真实案例。

班里有个学生叫小晖，他平时沉默寡言，很少与同学一起玩，显得有些格格不入。他上课从不发言，作业时常少做或不做，学习成绩很差。班主任找他谈话，任你怎样启发，怎样讲道理，他都面无表情，似乎与己无关。班主任经过多方了解才发现自己根本不了解他。

为了更好地教育他，班主任决定找他父母了解情况。从他母亲口中，班主任知道了他在家里的一些情况，开始对他有所了解。这个孩子并不仅仅像班主任以前认为的那样，是个性格内向的孩子，实际上他已经到了"自我封闭"的程度。他缺乏自信，有强烈的自卑感。他之所以不爱说话，不爱动，并不是"不想"，而是"不敢"。他不敢与同学说笑玩乐，怕他们嘲笑他说得不好，玩得不好；他不敢举手回答问题，是怕老师怪他回答得不对……他深信自己处处不如人，什么都不会，在这种思想包袱下，久而久之他越来越自我封闭。

通过多方面了解，老师终于找到了问题的切入口。小晖特别爱看《三国演义》、《水浒传》，甚至厚厚的《辞海》。老师感到欣喜，终于发现了他的长处，老师明白应该设法使这一点变得更加明亮，使它燃烧起来，帮小晖树立信心。

老师从图书馆借了一套《三国演义》交给小晖，对他说："老师知道你喜欢看这套书，特意借来给你看，看完告诉我写的是什么，好吗？"小晖很激动，可是欲言又止，高兴地捧着书走了。几天后，他把书还给了老师，并滔滔不绝地讲着书中的精彩情节。老师认真地听着，最后笑着说："小晖讲得真好，你愿意参加班里举行的讲故事比赛吗？"小晖沉默了许久，终于腼腆地点了点头。

讲故事比赛如期进行。当小晖以参赛者的身份出现在讲台时，的确出乎大家的意料，教室里一阵骚动，继而，教室里响起了雷鸣般的掌声。故事讲完了，小晖笑了，同学乐了。老师手捧一套《三国演义》，满怀希望地对小晖说："全班同学都认为今天你是最棒的！这是大家对你的鼓励，希望你永远记住——你能行！"此时，教室里又响起了一阵热烈的掌声，全班同学齐声喊着："小晖，你一定行！"第二天，上课时，在老师目光与微笑的鼓励下，小晖第一次举手发言了，老师立即表扬了他。之后，他举手的次数越来越多。就这样，凭借一套书，老师接近了小晖，用鼓励消除了他的恐惧，让他相信自己能行，使他逐步树立自信心。此外，老师还注意在各方面鼓励他。小晖第一次作业全对，老师批了优，另加两颗红五星，并在全班传阅；下课了，老师鼓励他与同学比跳绳、跳远；他爱下军棋，老师就让他教老师……渐渐地，他变得开朗活泼了，成绩也逐步提高。他脸上已不再有自卑的恐慌，每天都有自信的微笑。

通过这个案例，我们不难看出"后进生"也有上进心，只要班主任善于发现和鼓励，他们也能后来居上，拥抱成功，收获希望。

首先，我们要关注"后进生"，给予特殊评价。

对"后进生"应以鼓励为主，在适当时间，用适当的方法，强化好的行为。当学生出现问题时，老师要给予特别的关注，通过深入细致的工作，及时发现他们的"闪光点"，并给予真诚的表扬和鼓励，以促进学生的发展。要调动"后进生"的积极性，关键在于老师要正确对待每个学生，热爱他们，特别要挖掘他们的优点。对他们的点滴进步都要及时肯定和表扬，进步大的还要奖励，老师的肯定和表扬对"后进生"来说尤其重要。许多事实证明：爱护、信任和关注能激发学生的潜力。当然恰当的批评也是必不可少的，但批评时要注意方式、方法，不能伤害学生的自尊心。

其次，要运用个体内差异评价，帮助"后进生"树立自信。

"后进生"跟其他学生一样，总是处在不断的发展变化过程中的，运用个体内差异评价，能保护学生的自尊心，唤醒他们的进取心，从而帮他们树立自信心。全面客观地对待和评价"后进生"，能使评价成为学生发展的"推动器"，能使评价真正体现其教育意义。个体内差异评价就是把群体内被评价对象个体的过去和现在或个体的若干方面进行比较得出的评价，也就是说，从评价对象自身的纵向比较或各方面情况的比较中得出的评价。比如，某"后进生"过去的语文成绩总是徘徊在及格边缘，现在通过努力达到了良好，虽然离好的同学还有一段距离，但与他过去相比，他的语文成绩有了明显提高，应给予表扬。这种评价方法可以使学生更清晰地掌握自己的实际情况，有利于激发学习热情，挖掘学习潜能，及时调整学习方法。同时，此评价不会给被评价者造成心理压力，有利于学生树立自信心、自尊心和自豪感，有利于"后进生"形成积极向上的心态，不断地完善自我。因此教师在教育教学中要努力发现"后进生"的优点并及时给予肯定的评价。

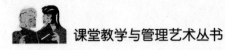

再次，要多层面多视角地看待"后进生"，促进其个性发展。

我们经常听到不少老师这样评价一个学生："这个学生不行，学习成绩一塌糊涂！"可见，这位老师评价这位学生着眼点就是学习成绩，他并没有关注这位学生其他方面的表现和潜能。这样评价一个学生不仅是不公平的，而且是十分有害的。许多事实说明仅仅凭学习成绩来评价一个学生乃至一个学校是非常片面的。比如有一所近百年的老学校，曾培养出了一大批高考尖子，甚至还出了一些高考文、理科状元，但就是出不了一个院士。于是，人们得出这样一个结论：一流的分数并不等于一流的质量，一流的考生并不等于一流的人才。新的教育评价理念关注的不仅仅是学生的学习成绩，而是学生在学习过程中所表现出来的包括主动性、创造性、使命感、责任感、自信心、进取心、意志、品质、人生观和价值观等方面的自我认识和自我发展能力。老师要特别关注那些现阶段在某些方面有困难的学生（所谓学生中的"弱势群体"），从更多的层面去评价一个学生，"多一把衡量的尺子，就会多出一批好学生"说的就是这个道理。现在许多学校所开展的"特长生""奋进生""明日之星"等评比活动，就是要让那些学习成绩不很突出，但在某些方面有特长的学生找到自我发展的自信，从而促进学生的个性得到充分的发展。社会需要的人才是多元化、多层次的，每一个人也有其独特个性，我们的教育就是要在张扬学生个性的同时提高和完善他们的综合素质，以适应不断细分的行业对专业人才的多层次需求，而不是从同一个"模子"里培养出千人一面的只会死读书的"书呆子"。

给中等生一个平等的机会

一个班级，优秀生和后进生往往是少数。一般说来，中等生比例比较大，中等生在思想品德、学习成绩、工作能力以及人际交往等某些方面处于中等。在班级教育工作中，班主任往往把较多的精力放在对优秀生的培养和后进生的转化上，当然这也是非常必要的。但是对中等生的关注相对不够，会使相当一部分中等生身上潜藏的许多积极因素，难以得到表现和发展，失去了在教师指导下成才、发展的机会。中等生有的思想品德较好，但学习成绩一般；有的学习成绩较好，但思想品德一般；也有的爱好广泛，有一定的工作能力，但自控能力差；还有的思想品德、学习成绩都可以，但不善于交往，胆子比较小。他们虽然优点和缺点都不大明显，但在他们身上往往是积极因素和消极因素同时并存，互相影响，不断向优秀生或后进生转化。所以，班主任应该看到中等生身上蕴藏着的许多积极的因素，善于发现、积极挖掘并调动这些积极因素，推动他们的进步。班主任对中等生的激励教育要把握以下几点：

1. 爱学生并教会学生感受师爱

中等生是老师比较放心的一个群体。他们大多上课认真听讲，作业也能按时按量地完成，平时也能遵守学校各项制度，很少违反纪律。正因为如此，我们班主任往往很少关注他们，把精力放到成绩优异和表现差的学生身上，却忽略了中等生对爱和关注的渴求。

曾在媒体上看见过这样一篇文章：

"我是一名中等生。老师把关注的目光都投给了差生，希望的眼神又全停留在三好生身上，我们这些中等生真的很寂寞。有时候，我会有个傻傻的想法：每当我坐在孤独寂寞的角落里望着老师给差生耐心地讲题时，我真嫉妒他们！假如我也可以坐在老师旁边，老师能单独给我讲讲什么，哪怕是轻轻地问一声：'你哪儿不会？'那时我一定会感到我是世界上最幸福的人……"在一次作文比赛中，河北省唐山市一名五年级学生写出了这样一篇作文：《假如我是一个差生》。

安徽省合肥市一名小学生也写道："我们这些中等生像死水一潭，没有一丝波澜。不用说评'三好'了，就连上课回答问题也成了别人的专利。优生有了成绩就被表扬，遇到竞赛还给开'小灶'。那些差生也比我们得到老师的照顾多，起码他们给老师留下了深刻的印象。我们只能自己安慰自己。可我们心里不平：谁说我们平庸？谁说我们没有当班干部的才能？平静的水只要有风，也会出现美丽的涟漪；不平凡的人，不都是从平凡的人当中培养出来的吗？"

这些中等生们需要什么呢？他们需要的是老师关注的目光，因为，这目光里有着老师的爱、老师的期望！从现有的班级教育情况来看，"中等生"与"偏差生"一样，在情感上属于"孤独"的一类，有的甚至比"偏差生"更不被关注，他们在学习和行为上既不突出也不需要别人操心。他们相对较少地受到父母、同学和老师的关注，因此他们最希望得到老师的关爱。爱是人类的共同需要，由于"中等生"是班主任忙于"抓两头"而被忽略的群体，他们经常感到受冷落、显得孤独。有一个中等生曾这样写道："我多么渴望老师走近我，哪怕是批评一句……"

有一位班主任曾经这样说过：学生毕业后，我很少能收到"中等生"的只言片语，也很少有"中等生"毕业以后会与我保持密切的联系，而与"优生"和"差生"保持联系则较多，特别是"差生"，毕业以后倒对老师很好。或许这位班主任确实给这些中等生的关注太少、爱太少的缘故；或许中等生没有感受到老师对他的关爱。

很多时候，我们没有额外的精力和时间去关注中等生，但并不表示我们没有对他们注入师爱，只是这样的师爱由于缺乏具体的行动，学生很难感受到，所以让中等生能感受到师爱很重要。其实我想只要我们平等地对待每一位同学，例如座位的安排、发言的机会、当班干部的机会等一视同仁地给予学生，我想他们是能够感受到班主任的师爱的。另外，作为班主任也应对那些默默无闻的中等生给予足够的关注，不仅在学习上提出希望和要求，也要在思想上和生活上进行关心，多与他们接触，多与他们谈心交流，多听取他们对班级工作的意见和建议。有时班主任不经意的一个笑脸、一句赞语、一声问候都会给自感被忽视的中等生带来巨大的情感冲击，甚至给他们留下终身难忘的印象，并转化为前进的内在动力。

班主任要把关爱撒向每一个"中等生"，让每一个"中等生"都沐浴在老师爱的阳光下。

2. 与中等生进行语言沟通

"中等生"是班主任谈话最难的对象。有的班主任说：对优等生我可以表扬和提出期望，当差生犯错误时我可以了解事情的详细情况，甚至提出批评，而对中等生往往要刻意的想办法找他们谈。

实际上，与中等生可以交淡的话题很多，关键是我们班主任要把中等生也放在心上。当你关注中等生时，你就会发现你能够与他们交流的

机会是很多的。

下面这个案例就说明了这个道理。

我班的小颖是个聪明淘气的小女孩，不善言辞，自制力较差。对别人的批评经常表现得很逆反，听不进批评意见。一次自习课，她离开座位正好被我看见，我没有立即批评她。后来，我向其他同学了解她为什么离开座位，原来是几个同学在玩一个拼图游戏。小颖完成得最好，其他同学只能拼成几个简简单单的图形，而她的拼图既漂亮又有创意。我为此事专门找她谈了一次，告诉她说："你不仅有一双灵巧的手，而且还具有丰富的想像力。真不错！如果你能做到老师在与不在时一个样，那你将会更出色！"

通过班主任主动找中等生谈心，肯定他们的优点，也指出他们的不足，促使他们向优生转化。

有的班主任认为："中等生"在各项活动中表现既不突出，也不落后，"比上不足，比下有余"，缺乏前进动力。针对中等生的这种心态，就可以以激励的谈话方式鼓励他们上进。当你一旦发现学生有上进的要求，就要抓准时机，及时给以激发，开启他们的动力点。

"中等生"就是因为平时感受到的师爱太少，我们就更应该多与他们交流，让他们感觉到老师真的很关心他。很多时候，班主任都会有意无意地避开他们，任其自然发展，而学生往往又不会主动地与班主任交流思想，这样班主任就不会了解中等生的所思所想了。当然在他们出了问题或是有了大幅进步时，也会特别关注，但那时也许他们已经是"优生"或"差生"了。

对"中等生"而言，他们最渴望的当然是老师和同学的关注。因此，我们应多关心他们，比如常找他们谈心，了解他们内心所想所感，多让他们回答问题，让他们感受到老师的关注和重视。

3. 以培养中等生的自信心为突破口

"中等生"由于长期处于"中等地位"，是班主任眼中的"不用操心的一族"，容易被班主任忽视。正因为这样，由于缺乏老师应有的关心和教育，"中等生"往往感觉受到了老师的冷落，感到自己在班中无足轻重，从而产生了强烈的自卑感。

对于那些自信心不足的同学，老师应帮他们找出优点，对他们取得的成绩给予及时的肯定和表扬，帮助他们树立自信心。如果能有效地克服中等生的自卑心理，重树其自信，将为其进步创造良好的条件，收到意想不到的效果。

吴敏成绩一般，平时能遵守学校纪律，对老师有礼貌，同学关系也较好，从不给我添麻烦。但她自信心不足，从不敢主动回答问题，有时低着头走路，不敢看别人，也不想展现自己。她的班级荣誉感很强，电脑水平较高。我先找她谈心，然后，指出她的优点。只要她有一点进步，就在班上表扬她，有什么活动也总是鼓励她参加。在班干部改选时，我推荐她当学习委员，迎着同学们不信任的目光，我把赏识、信任的目光投给了她。从此，她在与同学的交流中变得自信起来，学习成绩也有很大的进步。由此看来，自信确实是促使中等生进步的催化剂。

从这个小故事中我们可以看出，这位班主任不仅很用心，积极地关注班上不起眼的"中等生"，而且还很有教育智慧，很善于挖掘学生身上的闪光点，并让它迁移、扩散，以此推动"中等生"向一个更高的层面攀登和发展。

4. 让中等生多表现自己

班主任在教育中等生时，应积极为中等生创造机会，帮助他们获得各种成功的体验，这是促使中等生向优生转化的行之有效的方法之一。作为班主任，应让中等生明白，成功是相对的，能较好地回答一个问题，能顺利地参加一项活动，敢在众人面前发表自己的见解等等都是成功。

刘婧从小性格内向，不爱说话，上课从来不举手发言，也不喜欢主动与同学交流。在课堂上，我有意无意点她回答问题，讨论结束后我也经常要她总结。无论她说得好与不好，只要她开口，我就及时地加以肯定、表扬。在班级中，我安排她当课代表，有意识地培养她多跟老师和同学交谈。就这样，她终于敢说了，话也渐渐地多了起来。

有机会"表现"，才有机会获得成功。班主任要善于创造条件，针对中等生缺少"表现"机会的实际，给他们提供"表现"的舞台，使他们在"表现"中增强兴趣，优化个性。另外，"中等生"通过"表

现"，就会在同伴中显现出他的价值，增强他们的自信心和自豪感，从而克服缺点，逐步跻身于优生的行列。

给"中等生"提供较多表现和成功的机会，不断激励其进步，就可以使他们更快地进步。

"以静制动"，"视而不见"

我们先看下面这个案例：

"年组里最调皮的几个学生都在这个班"，"这个班的学生家长也非常难相处"……接任这个班前，不少这样的信息就已传入我耳朵里。怎么办？我还没做好充分的思想准备，人称"调皮王"的孙雷就第一个亮相在我的面前，他打架了。

我知道，对于一个有着打架、吸烟等不良习惯且学习无心、捣蛋无度的孙雷来说，说教简单是苍白无力的。

思考了很久，我决定以"视而不见"，"以静制动"和他过招。

没想到此招果然灵验。对于我的视而不见、不闻不问，孙雷反倒有些坐立不安了。接下来的几天，他总是有事无事向我靠近，找一些理由接近我。我虽暗自高兴，但依旧保持静观。此时，我有一种感觉，那就是他的内心是渴望沟通、期望被关注的。

孙雷终于行动了。他在走廊拦住我说："老师，我想问你一个问题，行吗？"

"噢，什么问题，你说吧。"我热情地回应到。

"你明明知道我打架犯错误了，可为什么不批评我呢？"

"哈，原来是这事啊。像你们这么大，正是处在人生中易出问题、易犯错误的'季节'，如果这个季节没有一点违规的痕迹，没有一点犯错误的历史。从某种角度看，倒是你们这个年龄段的'遗憾'了。你犯了错误，这没什么，我知道你自己会解决好的，我坚信这一点。"

看着我平静而亲和的表情，听着我理解又宽容的回答，他愣了，只是呆呆地站在那儿，不说也不动。我明白，管理孙雷初见成效。

这件事之后，对于孙雷我进行了多方了解和调查。他父母感情不和，对孩子的教育也不一致，但又都很宠孩子，由此造成了孙雷学习成绩下降和一些不良行为习惯的逐渐养成，而孙雷原本是善良、开朗、热情和充满活力的。

我决定主动接近孙雷，不把目光消极地局限在解决他所出现的问题或所犯下的错误上，而是把目光积极地定位在学生本身的发展和进步上，让他出现的问题或犯下的错误成为我的教育资源，让这个资源发挥更大的作用。

教育过程是教育者与被教育者"心理需要"相互映照的过程，是师生"心理交流"的过程。心心相印，情感交融的教育，才会引起学生情感上的共鸣。于是找孙雷"闲聊"便成了我的常事，谈家常，谈志向，谈爱好，谈自己开心的事儿。给他讲我当年的风风雨雨，讲我上初中时骑的自行车，除了车铃铛不响以外哪儿都响的事；给他讲我的历史，我的辉煌，我的荣耀，我的努力；也给他讲我的不如意，以及我的淘气曾经给老师带来的不快（现在还在后悔）；讲我小时候上树捉麻雀、上山放羊时的故事……他时而沉思，时而开怀大笑。就在这沉思和笑声中，我们的情感距离逐渐拉近，孙雷解除了对我的戒备，开始坦露真诚。

大家都知道，活动育人是教育途径的最佳选择。我把班级干部聚在一起商议，决定开发一个"活动周"项目，并且请孙雷同学作总策划人之一（特殊安排，班干部一致同意），利用早晨6：30～7：00和体育活动时间，开展小50米组间的接力跑、体育竞技、配乐诗朗诵、辩论赛、成语猜谜等系列活动。通过活动，让学生得到方方面面的锻炼，让他们体会到团结合作的力量，关心他人与关心集体的感受，从而增强我班的凝聚力。听到活动的消息，学生们个个热情高涨，摩拳擦掌。在活动中，孙雷同学表现得格外卖力与兴奋，事事想在前头，对同学热情服务、格外友好，令大家对他刮目相看。"没想到孙雷同学会有这么高的热情"，"孙雷这么通情达理、团结合作"……同学们纷纷议论着。活动举办得相当成功，更令人惊喜的是在这一周里，我们班同时获得了纪律与卫生两面流动红旗！

就这样，孙雷逐渐变化了，变得知情达理，求知好学。最终，他赢得了同学们的接纳、喜爱和称赞。

对后进生进行教育，应该从学生的实际出发，遵循教育规律。但是，在某些不同的环境下，针对不同的学生，偶尔采用一些"另类"的教育策略，有时也能收到意想不到的效果。本案例中的班主任老师面对孙雷这样一个有着不良习惯、调皮成性的后进生则采用了"视而不见"，"以静制动"的教育策略，另辟蹊径，获得了意外的效果。

"以静制动"，"视而不见"是一种教育艺术，也是一种策略，它给犯错误的学生留了"面子"，说是以静制动、视而不见，其实是"心照不宣"。"以静制动"，"视而不见"是一种宽容的智慧，教师以博大的胸怀接纳学生，使学生在犯错误后不必惶恐，而是用心认识错误，检点自己的行为，学生会在检点中对问题进行深思，品行也将在无声中提升。

就学生身心发展特点来看，中小学生偶尔或经常出问题、犯错误，是很自然的事。人之所以成熟起来、聪明起来、智慧起来，就是因为经常与这样或那样的问题和错误同行，就是因为有这样或那样的问题和错误在"磨砺"自己。因此，管理学生、处理问题的策略不应当"以事为本"，而要"以人为本"。本案例中的班主任老师就是不以所发生的事件来审视学生，而是以学生为本，以学生的需要为本，关注他，宽容他，理解他，尊重他，接纳他，使学生在爱的沐浴下，变化、进步、成长、发展。

教育的本质是解放学生的天性，而不是制约天性。因此，教师和班主任工作的重点是解放学生、发展学生，给学生营造一个安全的班级氛围，而不是以冷冰冰的硬性说教管住学生。班主任应积极开展活动，让活动成为学生熟悉的、喜欢的、真正属于他们自己的活动，使他们在活动中展成效示自我，在活动中亲历体验、交流对话、认同接受，共同生活、共同成长。本案例中的班主任老师和同学一起精心设计、策划"活动周"项目，使学生的个性在活动中得到了极大的释放，品行受到了正向的引领，同学间的了解逐渐加深、信任逐渐加强，班集体的凝聚力逐渐提高。

拥有一颗开放博爱的心，发挥"有教无类"的精神，无条件地接纳后进学生，给他们勇气、信心和机会，引导他们的身心健康发展，应是教师和班主任不懈的追求。

"激将"，有时也能"点石成金"

有这样一个故事：英国著名神经生理学家、诺贝尔奖获得者谢灵顿，早年是一个横行乡里、染尽恶习的浪荡子。有一次，他心血来潮向一位女士求婚，但受到女士断然拒绝："我宁愿跳到泰晤士河里淹死，也不嫁给你。"一句话羞得谢灵顿无地自容。从此，他弃恶从善，发奋读书，终成大器。正因为这位女士出言尖锐，在客观上对谢灵顿的自尊心起到了"点燃"、"引爆"的作用。从一定意义上说，该女士在无意间用激烈的言词创造了一个科学家。

可见，"劝将不如激将"。有时，刺激性语言也能收到"点石成金"的奇效。

那么，教师在转化后进生的工作中，怎样合理运用激将法呢？

一、激将法的心理学依据

所谓激将法，是指运用反语激励别人，使他决心去做什么的一种语言表达方式。从心理学来讲，每个人都有自尊心、荣誉心，但有时由于某种原因，人的自尊心受到了自我压抑，会出现自卑、气馁的状态。此时，正面开导与说服不能使之振奋，而有意识地运用反语刺激，将他一军，反倒可以使其自尊心从自我压抑中解脱出来，改变原有的状态，从而达到新的心理平衡。

二、激将法在转化后进生工作中的运用

自尊心人皆有之，强烈的自尊心是一种可贵的精神能源。"水激石则鸣，人激志则宏"。恰当地运用激将法，在转化后进生的教育工作中能收到积极的成效。

1. 活用明激法

明激法是指：针对后进生的现实表现，采用直截了当地给予贬低、

否定的语言刺激，使之被刺痛、激怒而"跳起来"，以达到改变其现状的目的。班主任对后进生采用明激法，语词尖锐，刺激性强，对他们的自尊心具有很大的激发作用，往往能使其在不服气、不认输的心理作用下，用实际行动否认班主任的意见，从而成功地实现转化。如后进生林平，生活懒散，学习无动力、无目标。他在校运会上获得100米、200米两项冠军后，我刺激他道："林平，很多同学都说你是短跑健将，但我认为你在学习和生活上是个窝囊废！""我是窝囊废？"林平一气之下发奋读书，一改往日的习气，最终成了一名品学兼优的学生。

2. 巧用暗激法

所谓暗激法是指：有意识地褒扬第三者，暗中贬低后进生，以激发其压倒、超过第三者的决心。运用暗激法的巧妙之处在于通过"言外之意"、"旁敲侧击"，委婉地传递刺激信息。事实上，后进生都希望老师尊重他们，但班主任在其面前有意夸奖第三者，显然会对他们产生一种暗示性刺激，使他们产生要与第三者试比高低的心理。如后进生姚俊，家庭富有，个性刚强，爱好广泛，但不思进取，爱结交社会上的坏朋友。经过仔细了解，我决定对他的转化采用暗激法。有一天，他作为校足球队的队长，带领球队以大比分战胜来访的一支强队，兴奋不已。趁着其高兴之机，我把他请到家里，对他说："姚俊，我为你们今天的胜利助助兴，给你讲一个女孩的故事。她是泰国一位大富翁的女儿，但这位金枝玉叶没有靠在父亲身上享清福，而是被送到美国上中学，最后上了大学。读书期间，父亲只给她一点基本的学习、生活费用，其它开支只能靠她自己打工赚取。她到国外吃苦头遭磨难，为的是磨砺意志、陶冶情操、丰富阅历，获得天下最大的'财富'。不过，从另一个角度来说，我认为这位女孩放着荣华富贵不享却去自找苦吃，真是一位目光短浅之人。"姚俊听到这里，抬头对我说："吴老师，你不用说了，我知道该怎么做了！"从此，他的学习、生活发生了根本性转变，暗激法在此产生了奇效。

3. 妙用自激法

所谓自激法是指：褒扬后进生光荣的过去，从而激起其改变现状的决心。对于消沉的后进生，班主任褒扬其过去闪光的一页，无疑是对其现状的批评。妙用自激法，可以引起他们的反思，唤醒其尚未泯灭的荣誉感，使其重新振奋起来。如后进生王霞，由于受到沉重的家庭打击，自进入高中以来，心思不在学习上，旷课迟到是家常便饭，与社会上的异性也交往过密。在对她的情况进行深入细致的了解后，我决定采用自激法。有一天，她哼着流行歌曲来到教室门口，我把她叫到办公室坐定后，对她说："王霞，据我所知，小学一至三年级时，你一直担任学习委员，四年级时担任班长，五年级时任学校少先队大队长。在上小学期间，你共获得 8 次校级三好学生称号，一次市级三好学生称号，在初中一年级时，你担任班长并获得三好学生称号，在初中二年级时，曾获得全市中学生卡拉 OK 大奖赛二等奖和市级三好学生称号，在初三毕业时，你的中考总分名列全市第八。那时的王霞真不错！"我对王霞过去的了解及表扬，令她非常吃惊。她含着泪对我说："吴老师，对不起，我走了。"第二天，她递给我一封信，详尽地谈了自己的感想和今后的打算。她在信中说："吴老师，听了您昨天对我的表扬，经过深刻的反思，我决心弃恶从善，找回原来的我，用知识改变命运。请给我一点时间，好吗？"自激法在此产生了奇效。

三、运用激将法要注意的问题

在转化后进生的工作中，不管我们运用哪一种激将法，都必须以刺激对方的自尊心为要诀。只有这样才能达到预期的效果和目的。为此，必须注意以下几点：

（1）要看对象。

班主任必须熟悉后进生的有关情况，明确地断定他是个可以接受激将法的人，即在思想性格上具有被激的主观因素——强烈的自尊心。

（2）要看时机。

对后进生使用激将法，一定要注意恰到好处。出言过早，时机不成熟，反语易使人泄气；出言过晚，良机错过，又成了事后诸葛亮。

（3）要注意分寸。

激将法使用的出发点要正确，应体现出对后进生的尊重、信任和爱护。同时，如果班主任的语言不疼不痒，则达不到预期的效果；如果过于尖刻，则会使人反感。因此，运用激将法要注意语言的分寸和感情色彩，要把褒贬、抑扬有机地结合起来，这样才能产生积极的效果。

（4）要引导与激励并举。

使用激将法，不能对后进生简单地给以否定或贬低，要"贬中有导"，即用明确的诱导性语言把后进生的激情引导到你所希望的方向上来，否则，只能适得其反。

不要动不动就"态度挂帅"

后进生与老师发生冲突，言行对老师不够礼貌，这种事是常见的。教师和学校领导遇到这种事情，通常的做法是先"态度第一"，即不论事实如何，反正你这样对待老师就不行，你得先向老师承认错误，再说其他。我们不妨把这种工作思路叫做"态度挂帅"。

但我不赞成这种思路。据我看，遇到这种事情，可以先把交战双方隔开，然后要做的第一件事情不是去追究学生的态度，而是查清事实。如果事实证明教师冤枉了学生（这种情况较多），应该首先还学生一个公道，其次再批评学生对老师态度不好，让他承认错误，但是教师如果侮辱了学生，也必须向学生道歉。如果事实证明完全是学生无理取闹（这种情况较少），那一定要严肃处理学生，而且他必须向教师道歉。这才是讲道理、讲民主、讲平等的对策。

这样说并不是不重视态度，而是主张事实第一，态度第二，这样才符合科学精神。

曾在网上看见过一位校长写的文章，值得我们仔细探究。

这位校长是这样说的：

12：05分，我正准备起身回家，突然进来了5位男同学。为首的开口就质问："校长，你说老师打学生对不对？"

"当然不对啦，"我答道（后面的一个男孩马上露出了得意的笑容），"不要说从《教育法》、《教师法》、《未成年人保护法》的角度讲，就是站在人道上讲也说不过去呀。"我接着平静而坚定地说。

如此反映情况的学生，一般情况下都不是什么"良民"，而且他们往往是犯错在前，首先激怒了老师，老师失去了理智，做了出格的事，他们便马上反守为攻，得理不饶人，且惯于群体起哄，让老师转眼之间由主动变被动，下不了台。而他们还会接着步步进逼，直至上访告"御状"。因此，对于此类的"鸣不平者"，就是一直致力于当"平民校长"的我也是不敢掉以轻心的，因为闹不好自己也会陷进泥潭而不能自拔。成长中的孩子犯错误是必然的，我能够理解他们，更乐意帮助他们。这是我的价值所在啊。老师也不是云端里的圣人、深山云游的老庄，工作的失误在所难免。我明白今天的这个阵势是不能用通常的方法来应付的。我要亦礼亦兵、亦亲亦疏、亦守亦攻、软硬兼施。好了，我已经找到他们的软肋了——服装不整齐，统统没有戴胸卡。

"那老师打了我，你说该怎样处理？"得了理的男孩加强了攻势，眼中还充满了委屈的泪水。"对呀，校长，你说该怎样处理？"后面的同盟军齐声质问。其中有一个男孩还说："我们要公道，老师不讲理，班里的录音机坏了，她就认定是我们搞坏的，并且说要我们包赔……"

我感到当务之急是要阻止他们的攻势，便脱口道："我们先打住这个话题，你们先看看自己的胸前，是不是少了一样东西。"他们同时低下了头，尴尬的窘态马上写满了脸颊，斗志一下子从云端里跌到了深谷，紧接着便是手忙脚乱地浑身上下摸索，最终4位同学找到了胸卡，还边戴边不自然地说："忘在兜里了。"我接过话题道："如果在商场里你拿了人家的商品就走，等到人家捉住了你，你才说'钱我有，这不就在兜里'，能行吗？人家照样会拿你当小偷。如果我也像你们一样，抓住了一个人的某一点失误不放，就应该马上请政教处的马主任过来把你们带走，你们还能说什么呢！人生活在这个世界上是需要彼此谅解，彼此宽容的。"他们纷纷点头称是。

火候已到，我转过脸来对着告状的男孩说："你能说说事情的经过吗？"他说："行。上午英语课时，英语老师到班里一看，录音机坏了，就大发脾气，认定是我们搞坏的，并且说要我们包赔。我气不过，就当即站了起来说：'你不能说是我们弄坏的，我们是不会赔的。'老师彻底地被激怒了，立即告到了我们的班主任那里，班主任就把我叫到办公室里训了一顿，英语老师往我的腿上踢了一脚……"我说："好，你说的是你先不尊重老师在前，老师打你在后。"他说："是的。"

我说："我认为你最恼恨的并不是老师打了你，而是这一打伤害了你的人格和尊严，打的本身并不是多大的事，看起来你也没有伤着。"他回道："是的。"我接着说："既然你对自己的人格和尊严这样看重，你再想一想，比你大了很多岁的老师，她对自己的人格和尊严难道不是看得更重要吗？更何况是在自己的学生，全班同学面前呢！谁是谁非你是应该明白的！尽管我们现在讲究师生平等，不再讲师道尊严了，但是我们做学生的对老师的尊重还是应该放到第一位的，就好像我们每一个人一生下来就是和自己的父母平等的，难道因为我们跟自己的父母是平等的就不再尊重他们了吗？上一周我在电视讲话中有一句话不知你们还记不记得——'今人而无礼，虽能言，不亦禽兽之心乎'，一个人不懂了礼节不就等同于一般的动物了么？尊重是相互的。可以设想一下，假设你是英语老师，那位英语老师是你的学生，你进屋后一看马上就要用的录音机坏了，本来就气恼，发了几句牢骚本是正常的，可偏偏有个学生公开顶撞你，你心里会是什么滋味?! 这就叫换位思考，这就叫'要想公道打个颠倒'，这就叫将心比心。再说了，从这件事上，我们可以看到×老师是一位责任心很强的老师，这应该是你们的福分，你们应该珍惜。不然的话，录音机坏了，正好，我不用了，省得啰里啰嗦的，管他教学效果呢！不是有很多老师明明仪器室、药品室里有的是仪器和药品，就是懒得去拿么！反正一节课 45 分钟，凑合着上到下课拉倒。我们学校老师的工资和奖金是不跟成绩挂钩的，一个年级 10 个班，第一名和最后一名，老师的工资奖金是一样的，何苦来呢？这样的老师我们是不是应该感激呢？"说到这里，问罪的孩子们已经心悦诚服了。为了巩固成果，我接着说："只要是人就会犯错误，孔子的弟子子贡也说过：'君子之过也，如日月之食焉，过也，人皆见之；更也，人皆仰之。'所以，你们犯错误老师是能理解的，是能宽容的，当然老师犯错误你们也同样要理解、要宽容。还有一点要强调的是，也用孔子的话来说吧：君子，不迁怒，不贰过。意思是我们可能做不到君子的境界，但起码要争取'不三过，或者不四过'。这样，别人才可能看得起我们，不然的话，谁还会把我们当人看呢!"他们纷纷点头称是。我说："你们还有什么冤屈要诉说?"他们纷纷表示没有了。

最后我说:"老师那一边的错误我会帮助她认识的,不管怎么样也不允许打学生,老师必须认识到这一点,而你们也必须要看到自己的不足,努力地、尽早地改正才是。""是,是。"我亲切地拍着一位男生的肩膀,边送他们边说:"祝愿同学们成长快乐,如有问题我很乐意帮忙!"

一看表,已经12点15分了。"下班!"我轻松愉快地对自己说。

这位校长的做法值得研究。

英语老师到班里,看见录音机坏了,大发脾气,认定是学生搞坏的,并且说要学生包赔。一个学生气不过,站了起来说"你不能说是我们弄坏的,我们是不会赔的"。于是老师就把学生叫到办公室踢了一脚,所以校长就说"你先不尊重老师在前,老师打你在后",后来学生就服气了,校长便认为问题解决了。

可我们还是没明白这个录音机到底是谁弄坏的,而这才是解决问题的关键所在。

如果录音机确实是学生弄坏的,那必须找出此人,让他承认错误,而且赔偿损失,但是教师也要向全班同学认个错,您不能在没搞清事实之前就向全班同学发脾气,这是不公正的。

如果经查证录音机并不是学生弄坏的,或者查不出来,教师就更要向学生承认错误了。不但要承认自己乱发脾气、不尊重学生的错误,而且要承认自己"不尊重事实"的错误——这是一种反科学的态度,与教师的身份不相称。

"你不能说是我们弄坏的,我们是不会赔的",这句话,在没有查清事实之前,不能认定是学生"顶撞老师","不尊重老师",因为如果确实不是学生弄坏的,学生这样讲是维护自己的正当权益,这个孩子敢说实话,应该表扬。

校长是怎样解决这个问题的呢?

校长的基本思路是"抛开事实谈态度",而且先入为主地认定学生"不是良民"。校长的策略是"迫使学生认错",既然你错了,自顾不暇,就没功夫控告老师了。

校长采用的第一招是挑学生的毛病（找服装和胸卡的茬），打掉学生的气焰。这是典型的"偷换论题"手法，一种小花招。

然后校长就要求学生宽容老师，接着校长就诱使学生承认自己没尊重老师，然后学生就"没有冤屈"了。

可是录音机到底是谁弄坏的？不知道。

这位校长做的只是"抹稀泥"、"息事宁人"的工作，实际上没有解决问题，而且师生双方都没有什么提高。下次班里再坏了东西，估计教师还会发脾气。经过校长的教导，学生可能不顶撞老师了，教师的"破案"能力却没有丝毫提高（校长按这种思路工作，自己的"破案"能力也得不到提高），问题得不到解决，教师急了就还会失控，于是这场戏就可能再重演一遍。

遇到问题不去研究问题，甚至有意避开问题，在人际关系上做文章，这是我们传统文化的大毛病。结果表面上似乎"安定团结"了，其实问题根本没有解决，早晚还要冒出来。这位校长做的事，大部分属于无用功。这样搞，会越来越累的，因为这不是"解决"问题，而是给自己"埋伏新问题"。

所以，还是多尊重事实，少搞"态度挂帅"的好。

面面俱到、面面俱损

熟悉中国革命史的人都知道，中国共产党由弱变强最终战胜强大敌人的法宝之一就是："集中优势兵力，各个歼灭敌人"。其实，对于后进生的教育转化来说，这个思想或者叫战略战术是值得我们借鉴的。

在教育实践中，我们经常看到这种情况：

有些孩子因为家庭教育的严重失误，毛病甚多，没有孩子样儿。这时候教师最容易犯的错误是"见错就管"，全线出击，想在短期内让这种学生至少随上大流，像个学生的样子。但是，教师也不想想，多年形成的坏毛病，怎么可能一下子让他改过来？比较正确的办法是把他的缺点列一个清单，排排队，分出轻重缓急，先从一两个比较容易克服的毛病或者对集体妨碍最大的毛病入手帮他改正，其他问题先放一放。要知道，他的有些毛病可能会跟随他一辈子的；老师不是神仙，我们能使学生"有所进步"，但不能保证他一定能"脱胎换骨"。

我们先来看一位"玲子"老师在网上发的"求教"帖子：

从教十多年的我，这是第一次教一年级，下面的这个案例是我班一个不到六岁的小孩与我的几则小故事。一个学期下来，他成绩很差，成了后进生。凭他的智力不是这个水平的，只是他的学习全是无意学习，全凭他个人的喜好。这个学期马上又要开学了，我用什么方法帮助他呢？请您帮帮我，好吧？

远具有不凡的灵气，但上课没一刻专注过，一分钟内不停变换坐姿，小手不停地做着小手工，让他坐在第一桌，不仅因为他矮小，还因为他的活动量大得惊人，上课也是个运动员。

报名时是他父亲软磨硬缠一周，我一时心软才收下的。这个小冤家，在一个学期中自动完成作业不过三回，上学迟到超过十次，我因为作业的事和他"抗争"不下十次，为他擦拭鼻涕不下五次，为他提起快掉的裤子不下四次，总觉得自己快成了他的家庭保姆和家庭教师。

把几次与远较量的经历记录下来做个纪念：

1. 数学老师发现远上课拿着个小盒子一个劲地玩，就走过去要把小盒子收上来，谁知小家伙不肯，让他放进抽屉后，他一会儿又玩上了，气得数学老师硬把小盒子收上来了。他就开始挥舞着小拳头要打老师，没有打到就在教室里大哭起来。小朋友的笑声、读书声都没法掩盖住他的哭闹声，直到他自己哭累了才止住。思德与生活老师说他上课玩小刀，不小心划到了他的同桌。课堂上，他时常会一下子就不见了，再四处瞧，他又从桌子下面爬上来了。就这样度过了一个多月，今天下午我上课时他到又乖乖地读书，写作业了。

2. 这孩子太小，不到 6 岁，父亲在外地工作。望子成龙的家长，学期初在学校缠了好几天，非让孩子上一年级不可，可是孩子一点要上学的意思都没有，有一天他居然趁打扫卫生的时候躲进厕所，让同学去叫他也不出来，等他觉得玩得没意思了，自个儿又回教室了。

3. 昨天的课堂作业是我守着他写了一节课才完成的，今天又好话说尽还是不写，于是我采用了吓唬的办法，说到校长那儿去，这一招也不能让他动手。几个小朋友在看着他，好像在说，他不写，我也不写。抬头一看，六年级的办公室的门开着，没有一个人在里面，我把他抱到办公室，把门关上大声吓唬他说："你不写作业，我就把你关在这里了，今晚就在这里，不能回家了。"这时，他开始哭泣，还用脚用力踢门，我打开门，他直往外走，我拉住他说："你写不写作业呀？"见他不说话，我又装作要把他往里送，他这才说："老师，我写。"我如释重负，摸摸他的小脑袋说："这就对了，小学生来学校读书，怎么能不写作业呢，写作业的孩子学习才会进步，老师才会更喜欢你呀！"小远停止哭泣，我拉着小远的手，有说有笑地走向教室。

4. 昨天小远终于把课堂作业补齐了，今天的拼音也写了，可是下午的写字又没有完成，我也真的黔驴技穷了。他妈妈说，拿着小棍子在一旁，他写作业就会好一些，我觉得这也有一点影响。与她谈过几次，也许只能等他父亲回家才能说好，这孩子真的是提前入学造成的，他还完全是个只想玩的孩子，过早让他接受有任务有目的的学习，真的有点拔苗助长、得不偿失啊！

5. 上午的课上得很好，他主动完成了作业，还高兴地拿给我改。可是下午的作业他一个字也不写，眼看着快要放学了，我守着他，他还是不动笔。表扬他要像上午那样，老师才喜欢他，他还是无动于衷。我只好提起他的书包说："小远再不写，就去老师家写哦！"没想到这个小鬼不但没有要写的意思，反而从教室墙角拿起一把扫帚，追上来要打我。我一边示意他放下，一边说："小远不写作业，还打老师，这样做可不好！"我顺过去抓住了扫帚，想从小远手中夺过来，这孩子抓得真紧，我一用力竹棍子被我从这头抽出来了，可是小远哭了，回头一看，小手出了一点血，我连忙放下竹棍子，一看，小远的手被竹棍子的节弄破了皮。我一边帮他吹手，一边说："疼不疼？下次还打不打老师？你看，你打老师，小棍子都吃你的肉了。"小远连忙摇头说："不打了。"我真有点觉得对不起这孩子，弄疼了他的手，还说是他不对，棍子才吃他的肉的。但是我真没想出更好的法子来教育他。我又对他说："作业你回家去做，叫妈妈给你上点药，老师给你吹吹，不疼了吧？"小远背上他的小书包走远了，可我心里真是说不出的滋味……

快开学了，我和家长说什么呢？远这孩子会与我携手共进吗？请各位帮帮我！谢谢！

玲子

玲子老师的敬业精神和对学生的爱令人感动。

但是，我们应该看到，玲子老师断定这个孩子出现问题是因为他上学早，家长望子成龙心切，其实未必如此。还有一种可能是，这孩子在家里闹翻了天，家长实在管不了，想借老师的手教育他的孩子。这种事现在很多，源于家长的溺爱和放纵。孩子的父亲之所以苦苦要求孩子上学，我想是要寻求某种解脱，把包袱甩给学校。

这种情况，等于让学校为家庭教育补课。作为教师，我们固然义不容辞，但是一定要清醒，单靠学校，累死老师也不能解决问题，所以我们在教育这个孩子的同时，要指导家长改变其溺爱作风，双管齐下，才能有效。玲子老师孤军奋战，精神可佳，但没有注意战略协同，恐怕是缺点。

更为重要的是，玲子老师全面进攻，想让孩子尽快在各方面都跟上一般同学，我认为这个指标有问题。根据教育实践，对这种孩子只能"重点进攻"。玲子老师不应过多在完成作业方面和他较劲，而应先解决他扰乱课堂纪律的问题，这个问题初步解决之后，再谈作业问题。问题生的教育要有梯度，一步一步来，不可能一蹴而就。幸亏孩子小，要是大一点，老师太急躁了，学生的反抗会更强烈的。即使成年人，要求他在一两个月改变多年形成的习惯也属于不理智，何况对孩子？

所以，教育后进步，改正后进步的"问题"行为，我们还是要记住那句话"集中优势兵力，各个歼灭"，因为"面面俱到，面面俱损"。

不要"草木皆兵"

有位资深老教师曾经说过一句话：

"尖着眼睛搜索学生的缺点（那当然总能有所收获），坚信学生的每一个小缺点如不加以纠正将来都会使孩子变坏（事实绝菲如此），这是许多教师的职业病。这样搞，教师本人会弄得草木皆兵，神经兮兮，劳累不堪,学生则动辄得咎,手足无措。小孩子不胜其烦,大一点就会逆反,不少师生矛盾就是这样来的。"

如果说"面面俱到"是教师的"干预意识"过强,草木皆兵则是教师对待后进生的"问题意识"过强了。就像有的医生总是觉得到处充满病菌,因而什么都不敢摸不敢碰,活得特累,道理也是如此。

我们先来看一位教师在网上写的他教育中的"苦恼事"。

中午,走进教室,发现一位学生的口袋里有一个像游戏机一样的方方的硬东西。我对他说:"给我看看,是不是游戏机?"孩子显得特别紧张,忙说:"不是!不是!"还用手捂紧了他的口袋。我又一次要求他将此东西拿出来,坚持了一会儿,这位学生将口袋里的东西送到我手上,原来是三年级的数学学具盒。

"我以为是什么东西呢?原来是个学具盒,怎么这么怕给老师看啊?这里面有什么秘密?"说着我就试着准备打开盒子。谁知我不动手还好,一动,孩子赶紧伸出两只手抓住盒子,不让我打开,还口口声声地说:"这是我的秘密,你不可以看的。"

我顿时哑口无言。

皓上学期的学习成绩虽然是倒数第一,但表现一直挺好的,是个令人放心的学生,这学期表现也不错。前段时间因病住院,我到医院里看望时,孩子还和我谈得很多很多,没等医生规定的休息时间到,就来上学了。我的意思是这段时间里可以上半天休息半天,上午上课,下午回家休息,养好身体最重要。孩子不同意,父母则对我说:"老师,我家皓没事的,上学不要紧。"

怎么办呢?

我把他叫到花圃旁边,对他说:"我说过我会尊重你们的秘密,不过我想你完全可以告诉我。这是什么?"

孩子顿了一会儿,说是游戏机卡;还告诉我,一开始怕我收走,所以就不想让我打开。

真的吗?如果是游戏机卡,放到这么一个盒子里面一定会有一些声响的,可是我怎么摇,都听不见,肯定不对。究竟是什么东西?为什么要瞒着我?我要不要看呢?也许真的是孩子的秘密。可是,过了一会儿，孩子又说是组装玩具汽车的配件。究竟是什么？孩子的神态让我难以置信。

最后孩子终于肯打开给我看，里面是65元钱。

一个小学生带这么多钱来上学，还真少有！这样的家长也不会有：给小学生这么多钱。

孩子告诉我，这些钱是他过年时的压岁钱，没有全部交给父母，他悄悄地留了一百元，买一本作文书、童话书和零用花去了一些，今天全带来准备买水彩、水粉、作文书、故事书的。我不知道该不该相信，虽然我很想相信孩子的话，可这有点难。

我决定打个电话给家长，希望家长能弄清楚这钱是怎么回事。

第二天早上，我什么也没等到，于是问孩子，他爸爸有没有问什么？孩子说：爸爸只问了他钱从哪里来的，听了他说是自己过年时遗留下来的压岁钱，什么也没说。

我无奈。我做错了吗？

——阿卓

为什么家长不给阿卓老师回话？也许这孩子的家长是嫌老师管得太多了。

如果确实是这样，那有两种可能：一种是家长袒护孩子；另一种是家长对教育的理解和老师不同，他认为对孩子不要干涉过多。

阿卓老师确实没必要这样穷追不舍的，问一问口袋里是什么东西，他不告诉你，也就算了，何必迫使他说一个又一个谎话呢？

这样说是不是不负责任？不是。虽然不再追问下去，但应该把此事记在心上，从此对这个孩子留一个心眼。因为如果孩子有某种缺点，他绝不会只表现一次，以后有很多机会发现和纠正，何必马上弄个水落石出呢？如果他口袋里有"鬼"，早晚教师都能捉住这个"鬼"，这次不捉，松懈他的警惕，以后捉起来更容易，如果这只是自己的小秘密，老师不追究，还能增加他对老师的信任。

孩子扣下自己的压岁钱零花，怎么对待？阿卓老师把此事告诉家长，这当然可以。但是也就到此为止了，不必要求家长必须和老师的态度保持一致。孩子手里有几百元零花，这在城市里，现在很普遍。不少孩子小时候都算计过家长的钱，长大之后他们的品质并没有什么问题。

　　所以，我认为阿卓老师"问题意识"过强了，可能受了"校园无小事"论的影响或者对后进生过于不放心；阿卓老师解决问题也太急躁了，总想立刻弄个明白，思维方式是线性的，很多老师都犯这个毛病，如此会活得很累，会吃力不讨好的，还是不要草木皆兵的好。

罗马不是一天建成的

　　有些教师和班主任在做后进生的转化工作时，总想"一天见效，一劳永逸"，这种思想是非常有害的。

　　俗话说："罗马不是一天建成的。"后进生的形成也不是一天两天的事情，而是在很多事情的积累下逐渐形成的。并且，导致后进生形成的原因也是多种多样的，有家庭和父母方面的、有学校和老师方面的、有学生个人方面的、也有社会方面的。因此，在后进生转化的过程中，任何一个方面出现问题都可能会诱发后进生行为的反复，那么期待通过一两次成功就能保证后进生永不再犯错误，将是一种很不现实的想法。面对后进生行为的反复，作为教师和班主任，应该如何去做呢？让我们来看下面的案例：

　　陈磊，一个看上去极其乖巧伶俐的男孩子，但学习成绩并不好，还经常在班里与同学打架。老师每次批评他之后，他就会安生几天，但没隔几天毛病又犯了。前任班主任看到他就很头疼，王老师接手这个班之后，对陈磊给予了特别的关心和照顾，而陈磊似乎也有所好转，有很长一段时间没有打架了。然而，有一天，有同学跑过来告诉王老师，陈磊又与同学打架了。王老师一听就火冒三丈，把陈磊叫到办公室里，声色俱厉地批评了一顿。陈磊没有反驳，只是偶尔会抬起头，似乎用他的眼睛表达着他的不服气。见他无语，王老师就让他回去写保证书，明天交给她。陈磊走后，王老师想到他的表情，又反思了一下刚才的行为，她想是不是有什么地方冤枉陈磊了。

　　这次批评之后，陈磊好像有点沉默，没有再发生打架事件。但那双不服气的眼睛却一直在王老师脑海里闪现。直到有一天，王老师才了解到上次陈磊打架的真正原因。陈磊有一个哥哥叫陈南，也在这所学校读初三，是全校有名的"捣蛋分子"。对于一般同学而言，有这样的哥哥做靠山，是很幸运的事情。陈磊以前也是这样想的，但经过王老师的教导，他的思想发生了转变，认为有那样一个哥哥是一件很丢面子的事。而上次与同学打架，也是因为那个同学说"陈南是你哥，真牛"。了解到这一真相之后，王老师私下里找到陈磊，和他谈心。

"陈磊，你是独生子吗？"王老师明知故问。"我有个哥。"他语气很平淡。"他在哪儿读书？他学习好吗？"王老师继续问道。"他不争气，天天惹我妈生气。"陈磊的语气很激动，同时又掺杂着一种很难表达清楚的痛苦表情。

看到陈磊的表情，王老师心头掠过一丝惊喜。"陈磊，你知道你哥不好，惹你妈生气。可是，你忘了，你妈还有一个儿子，他叫陈磊呀，难道陈磊也要天天惹妈妈生气，让妈妈彻底失望吗？"王老师语重心长地说道。他不语，沉默地思索着。突然，他猛然抬起头，似乎看到了从未有过的希望。王老师紧接着说："陈磊，你会成为你妈妈的骄傲，更会成为老师的骄傲。"

第二天，王老师在他的"知心小信袋"中看到了这样的表白："王老师，谢谢您帮我找到了答案，我保证以后不再打架了。其实之前我就曾经向您保证过，可是……这是我第二次保证，请您相信我。同时，我还保证我会成为我妈的骄傲。"

之后一个学期里，陈磊果然没有再打过架，而且也知道努力了。学习成绩有了一定的提高，尤其是王老师教的英语，居然破天荒地得了80分。王老师在评语中这样写道："陈磊，我为有你这样的学生而骄傲，我相信你妈妈一定也为有你这样一个儿子而骄傲。"

又一个新的学期开始了，陈磊又一次犯错误了。对于他出现的这种事情，王老师丝毫没有感到意外，也没有找他谈话，只是在他的"小信袋"中夹了这样一句话："请记住你永远都是我和你妈妈的骄傲！"

也许是王老师的耐心，或许是王老师对他的信任，让他敢于第三次保证："王老师，这是我第三次向您保证，不再惹您生气。我不知道您是否还相信我，但我自己相信自己，我会努力的，请您看我的表现吧，谢谢您了。"

王老师的回答很简单："别说你保证三次，就算你保证一百次后有一百次反复，老师都会相信你的第一百零一次保证的，只要你是发自内心的。"

后进生的转化从来都不是一蹴而就的，上面的案例就充分地说明了这一点。冰冻三尺，非一日之寒。面对陈磊行为的反复，王老师表现出了足够的耐心和爱心，并期望陈磊能够成为妈妈的骄傲，也能够成为老师的骄傲。正是在这个前提下，陈磊才敢于对王老师做出一次次的保证，一点点地克服自己身上存在的问题。

后进生行为的反复，一般来说是在前进过程中出现的，这种行为与先前的行为在动机、性质等方面可能会存在差别，因此，教师和班主任在做后进生工作时，要善于捕捉后进生行为反复中的进步因素。王老师在处理陈磊又一次打架时，刚开始不问青红皂白把陈磊批评了一顿。如果没有后来王老师对事情真相的了解，可能就失去了一次很好的教育时机，而陈磊也可能会再次回到后进生的行列。事实上，经过王老师的教育，陈磊已经认识到作为"捣蛋分子"并不是一件光彩的事情，因此为了维护自己的尊严，重新使出了拳头，虽然都是打架，但这次打架的动机与以前有着本质的不同，而王老师也正是从这一点入手，并付出了一定的行动，让陈磊认识到老师对他进步的认可，看到老师对他的期望，使一个孩子从濒临再次学坏的边缘转化过来，并在正确的道路上不断前进。

因此，在转化后进生的过程中，我们一定不要急躁，要有足够的耐心，抓反复，反复抓。

反思自我，让后进生"流浪的心"回归课堂

小强是刘老师班上的学生，学习成绩很差，最大的问题就是不喜欢上课，总是以"肚子疼"、"奶奶生病没人照顾"等借口请假不上课，有时找不出借口了，干脆就直接逃课。学校中像小强这样的学生并不少见。刘老师觉得很难办，常常仰天长叹：今天的学生究竟怎么啦？

其实，今天的学生，和我们以往一样，都会在课堂中度过每天最为美好的时光。但不一样的是，儿时的我们，课堂生活就是我们的全部，除了学习，我们还有什么呢？今天的学生，课堂之外的精彩实在太多，把心全部交给课堂的学生，已经越来越少，但讨厌课堂的学生却是越来越多。讨厌课堂，就意味着讨厌教师与讨厌学习。面对这样的现象，我们不能因此就责备今天的教师不像我们儿时教师那样富有吸引力，事实是今天的教师可能比我们儿时的教师更具有魅力。或许这只是课堂之外的魅力增长太快，而教师在课堂中展现的魅力增长的速度太慢吧。因为今天一线教师的繁忙是我们所无法想象的，但让学生回归课堂始终是教师理应承担的责任。

要让学生回归课堂，前提是我们不能追究他曾经离开课堂的责任，但我们却有必要研究他离开课堂的原因。当我们站在学生立场看教育问题时，就可以理解学生离开课堂总是有正当理由的，比如在课堂上根本听不懂教师对学科知识的讲解，在课堂上得不到教师与同学应有的尊重。比如，当我们刚进大学时，学校为我们开设了英语听力课，可对于从来没有受过英语听力训练的我来说，去上这样的课简直就是受尽折磨。对于其他同学来说，听这些简单的英语实在是太容易了，可对我来说却又实在太难了；再加上教师时不时的提问，让我在这样的课堂上既得不到应有的尊重，又得不到心理上的安全感，在这种情况下，逃课成为我不得已而为之的选择。过了这么多年，不知道现在的英语听力课是如何上的，也不知道是否还有像我当年那样的学生。

不管对学生逃离课堂或者心灵游离课堂作何解释，所有教师都关心一个问题：学生还有可能回到课堂吗？在我看来，这并不是一个问题，而是一系列的问题，尤其是以下四个问题的综合：第一，教师希望学生回到课堂吗？第二，教师的确在吸引学生回到课堂吗？第三，学生有回到课堂的必要吗？第四，学生有条件回到课堂吗？

首先，我们来看第一个问题：教师希望学生回到课堂吗？提出这样的问题，估计绝大多数教师都会责骂我。试想，哪一个做教师的不希望学生回到课堂上来呢？除非这位教师在职业道德上或者心理上有问题。提出一个问题，往往有两种情况，一是为了寻找答案；另一种是强化大家对这个问题的关注。每位教师都承认，自己是希望学生回到课堂的。可事实上，有几位教师向学生表达过这种心态呢？每一天，教师走进教室时面容都是严肃的，教师不会因为来了这么多的学生而欣慰，而是为没来的学生而生气。学生是"肤浅"的，至少没有教师这样深沉，他们需要教师向他们表达"教师很高兴他们回到课堂中来"。只有学生领悟到教师对他们的每时每刻的欢迎，他们才可能回到课堂中来，不仅仅身体坐到座位上，更重要的是，他们的心思能够停留在课堂中。其实，每位教师都有这种心态，缺少的，只是表达。而错误的表达或者不表达，往往会将更多的学生驱赶出课堂。当一位班主任在班会上怒斥有同学一周迟到三次时，这样的怒斥会减少学生迟到的次数吗？我看未必，如果一周只迟到了一次或者两次的同学，正因为老师对一周迟到三次同学的曝光而感到轻松，毕竟他们还不是班上最差的！

第二个问题：教师的确在吸引学生回到课堂吗？在课堂教学中，只有一个人是有义务在课堂中的，这一个人不是学生，而是教师。对教师来说，课堂教学既是自己的工作职责，也是自己实现专业价值的地方，既不允许教师身体上的缺位，更不允许教师心灵上的缺位。所以，相对于学生来说，课堂对教师的意义与价值更大。学生对课堂并不负有义务，至少这项义务没有教师这么大，也没有这么直接。在以往的教育中，往往把学生的学习当作一种义务，可事实上学生为什么要接受教育呢？为什么要接受这个学校的教育呢？为什么要接受这个学科的教育呢？为什么要接受这位教师的教育呢？学生有必要接受这么多的义务吗？我看未必。至少在短期看来，假设学生不到教室上课，影响最大的不是学生自己，而是教师与学校。由于课堂是特定学校、特定学科、特定教师的课堂，所以吸引学生回到课堂，就成了教师开展课堂教学的首要工作。就教师的教学实践来看，教师们的确是在吸引学生回到课堂吗？教师们又在采取哪些方法吸引学生呢？这些方法是达到了目的，还是反而把学生吓跑了呢？

吸引人的东西，绝大多数是内在的。外在吸引人的东西，我们称之为浮华；内在吸引人的东西，我们称之为品位。而且，吸引人最为困难之处，还在于靠劝说或者警告是很难达到目的的。可当前教师吸引学生回到课堂时采用的主要是两种方法，一是劝说，二是警告，偏偏这是很难有成效的两种方法。当教师苦口婆心地劝学生要好好读书后，发现学生仍然不好好读书，于是教师认为这种学生再也不可教了。可问题在于，教师为什么就不区分一下，究竟是劝说这种方式无效呢，还是学生本意就不接受你的劝说。当教师认为劝说无效时，也就是说，当教师认为自己无法吸引这位学生回到课堂时，就只好采用警告的方法了，要么用悲惨的未来去吓唬学生，要么要求学生请家长到学校来。前不久看报纸，说有一所学校，请调皮学生的家长，到学校来陪读，而且说效果很好。效果当然很好，关键是看这种效果是否真的有利于学生的学习。如果是为了折磨家长，如果是为了进一步激怒学生，为了把学生更快地驱逐出课堂，这种效果的确很好。其实，教师真正吸引学生的，是教师自己讲不出来的方法，而且很可能是与课堂教学无关的东西，比如教师的课堂魅力，教师对学生的关爱，教师自身的幽默。真正吸引学生的教师，总是在不经意间达到了目的；刻意去做的教师，反而往往让学生察觉出了教师的无能。所以，教师吸引学生最好的方法，就是首先让课堂吸引学生。

第三个问题：学生有回到课堂的必要吗？这也是一个不用回答的问题。学生不回到课堂，怎么会学习呢？如果学生不学习，还怎么称之为学生呢？可是，要让学生具有回到课堂的必要，前提是课堂要有利于学生的学习。教师的教是为了学生的学，当教师的教无助于学生的学习时，学生也就没有必要回到课堂了。那么现在的课堂是不是都有利于学生的学习呢？是不是有利于所有学生的学习呢？我看未必，不但不可能所有课堂都有利于学生的学习，而且课堂要有利于所有学生的学习，也是不大可能的。对于每一位教师而言，你能够保证你上的每一堂课都有助于学生的学习吗？

我们可以把教师的课堂分为两类：一类是表演类，另一类是教育类。前者以课堂本身的可欣赏性为标准，后者以课堂本身的实效性为标准。请允许我继续使用在珠海上课时讲过的一个例子。尽管学员"夸"我"上课真是口若悬河"，但听罢这样的评价，在喜形于色之后就觉得这样的评价有点不对了。"口若悬河"是对"我"的评价，而不是"对我上课"的评价。也就是说，上了几天课，上课的内容并没有给学生留下什么印象，至少上课内容给学生留下的印象还不及自己给学生留下的印象，这反而证明这几天的课是彻底失败了。这样的课，就是我们称之为表演类的课堂。表演类的课堂是最害人的，因为不管听者还是讲者，在表象上都会认为这样的课上得好。可事实上，这样的课对学生并没有多大助益。试想，教师的口若悬河，是学生在短短几天内学得来的吗？真正对学生有助益的，是教育类课堂。教育类课堂，不仅仅要依靠授课教师个人的能力，更重要的，还要依靠授课教师对学生学习状态的透彻了解。只有教师为学生提供教育类课堂，学生才有必要回归课堂并接受教师的引导与帮助。

第四个问题：学生有条件回到课堂吗？假设前三个问题都已经解决了，也就是教师向学生表示了欢迎回归的态度，教师也有吸引学生回归课堂的能力与水平，教师还为学生提供了教育类课堂，学生就能够回到课堂吗？

在这种情况下，要让学生回归课堂，还必须解决很多前提性的问题。

其一，学生应该回归哪一个课堂，是表面上他所属年级的课堂，还是他力所能及的课堂。对于后进生来说，尽管他们人坐在五年级的教室里，可他们的能力所及的可能只是二年级或者三年级。很多教师，并不是为他们提供二年级或者三年级的教育教学，而是抱怨他们"笨"。更可怕的是，很多学校整体教学质量比较低，学校为了赶进度，学校整体拉高教学内容，使得学生整体失去对课堂的守护能力。

其二，教师与同学对他的刻板印象会改变吗？既然已经离开了这个课堂，在教师与同学中就形成了固定的印象：这个同学是离开过课堂的人。有了印象就有了期望，当他在课堂上有了好的表现时，哪怕相比其他同学这只是一个非常小的进步，教师和同学会因此而表扬他，还是继续漠视他，甚至怀疑他的成功？

其三，学生对自己在课堂生活中的未来还有没有希望？教师可以保证课堂是一个欢迎学生的课堂，是一个对学生有益的课堂，而且外在的制度与社会证明这个课堂对学生是必需的，但却不等于学生能够明白，这样的课堂对他的确有益。教育是一个长期的事，要让别人相信教育对人真的有用，这是一件很困难的事。很多的人都不相信教育的回报值得花那么大的投入。当社会形成这种意识以后，受教育者自己也就不会相信，教育会对自己有助益了。

对于远离课堂的学生，尤其是长期远离课堂的学生，要让他意识到课堂的确对自己未来发展有用，还真不是一件容易的事。

当然，难不等于不做，既然做了教师，我们就必须倾其全力，让学生回归课堂，喜欢课堂。

这是我们义不容辞的责任。

第三章

处罚教育不能少

完整的教育不能没有惩罚

教育不能缺少处罚，没有处罚的教育是不完整的教育。但在进行处罚教育的时候，不要以为处罚教育就是伤害学生的自尊心、身体。处罚教育的关键是让学生体验错误的后果，让他有一个自我教育的过程。

现在，教育界一些人士在强调尊重学生、重新构建新型的师生关系的讨论中，似乎陷入了一种误区，就是学生教育与管理只能通过正向教育方式，而不能采取反向教育方式，甚至还出现所谓的"无批评教育"。在这种氛围与压力之下，造成学校、教师在学生管理上患得患失，生怕管多了会"引火烧身"，故而采取一种消极的管理方式。必要的批评教育等惩罚没有了，学生在成长过程中没有了是非标准，在这种环境下所培养的学生能够担负起建设国家的责任吗？

惩罚，在每个国家都是存在的。如澳大利亚就有警戒室，教师把犯有错误的孩子带到那里，由专门的教师与学生交流，然后采取一些处理方式，当然也包括对情节恶劣学生加以开除的惩戒。没有惩罚的教育是不完善的。

惩罚是对受教育者的不良思想言行予以否定性评价的一种形式。这是一种负"强化"，能使受惩罚的对象产生羞愧、内疚和自责的情绪，从而鞭策其从中吸取教训，改过迁善。完整的教育不能没有惩罚。所以，合格的班主任必须学会惩罚学生。

我们先来看下面几个案例：

案例一：

某班的卫生意识很差，"随手丢"的现象十分普遍，"吃饭丢餐巾纸，考试丢草稿纸，吃完零食丢包装纸"。教室的卫生状况每况愈下，环境急剧恶化。虽然大会小会不断，批评教育不停，但"涛声"依旧，效果不佳。

要矫正此种不良风气，使用哪种德育方法效果会好一些呢？感化？说教？还是……

新班主任上任了。为严明纪律，整治班风，还教室一个整洁美丽的环境，他雷厉风行地出台了一个比较严厉的"惩治措施"：凡是有"随手丢"的行为，一旦发现，不仅要受通报批评，还要罚扫教室一天，第二次再违反，罚扫两天，以此类推。任何学生或老师、领导都没有特殊待遇。

"禁令"刚出台时，仍有个别同学我行我素，"顶风作案"，将此纪律视为"儿戏"，把班主任的话当作"耳边风"，结果他们受到了纪律的惩罚：严格按原则办事，既不多罚，也不少罚。一时间，"随手丢"的行为如"过街老鼠，人人喊打"。一段时间以后，教室环境一下子旧貌换了新颜，变得干干净净了。一个"洁、净、美"的环境终于重返教室。

这则案例给我们的启示是：对于较大范围内的不良风气不能采取轻松、委婉的批评方法，更不能姑息迁就，应该采用惩罚法。

通过适当的、有原则的惩罚刺激，可以使学生内心深处或多或少受到震撼和触动，知道分寸，分清好坏，明白了哪些是应该做的，哪些是不应该做的，从而学会明辨是非，增强责任感。"吃一堑，长一智"，只要是有理有据的惩罚，一般可以使他们铭记在心，从而部分或全部地改正不良行为和习惯。同时，惩罚手段对其他同学也有威慑和警示作用，"有则改之，无则加勉"，自觉与假、恶、丑告别，向真、善、美看齐。

除针对不良风气外，对于个别平时表现极差而又屡教不改、没有认识自己错误的学生，也要进行适当的惩罚以促其反省。惩罚的态度要愤慨有力，切忌含糊其辞、目标不明，也不宜威胁鄙夷、讽刺挖苦，更不能嬉皮笑脸、漫不经心，要让犯错误的学生及旁人都认识到错误的严重性和危害性，理解和体会教师的良苦用心。

案例二：

法国人拉纳的儿子十分淘气。他用石头砸教授家窗户的玻璃，拉纳夫妇并没有因此来道歉，而是让小拉纳自己抱着一块玻璃，低着头来到教授家。爸爸妈妈说："自己干了坏事，自己去接受别人的训斥吧！"

面对这个小学一年级孩子的可怜模样，教授摸摸他的头，真不忍心训斥他，结果还给了他一些点心带回家去。事后，拉纳先生对教授非常不满。对此，教授很不理解。拉纳先生说："您这样对待孩子，使我们很为难，本应受到训斥的孩子，却反而受到您的抚慰，希望您考虑一下这对孩子将来的影响。请您原谅，我想您看在朋友的情分上，给他以严厉的管教吧！按说，您应该为您的宽容道歉。"

这则案例给我们的启示是：合理的惩罚是形成健康人格的重要条件。惩罚不只是一种教育的方法，更是一种教育的理念。

只强调"赏识"、不严格要求、过多的赞赏会使学生迷失方向，产生骄傲情绪，同时也容易使学生放松对自己的严格要求。有些教师特别是青年教师年龄和学生相近，容易和学生沟通、打成一片，甚至与学生称兄道弟，从而放松了对学生的严格要求。但是惩罚能让学生在其亲身经历的教训中更加清楚地认识对与错，并通过适度的外在压力使学生的内在因素发生作用，自觉抑制自我行为过分膨胀，产生对错误行为的趋避意识，防止再犯同样的错误。"没有惩罚的教育是不完整的教育"，惩罚教育制度是对学校教育管理体系的有机补充和完善。

案例三：

英国科学家麦克劳德上小学的时候曾偷偷杀死了校长家的狗，但校长对他的惩罚是画出两张解剖图：狗的血液循环图和骨结构图。正是这个包含理解、宽容和善待情怀的"惩罚"，使小麦克劳德爱上了生物学，并最终因发现胰岛素在治疗糖尿病中的作用而走上了诺贝尔奖的领奖台。

这则案例给我们的启示是：惩罚学生，是为了帮助他改正错误，帮助他找到正确的方向，而不是贬低他，损伤他的自尊心。惩罚有多种方式，高明的惩罚应该是能促进学生成长的。

上述三个案例，综合起来就是告诉我们的班主任，在教育实践中应该做到：

（1）把惩罚作为教育的一种手段，培养孩子的责任感、承受力，促进其健康成长。

"惩罚不是万能的"，但"没有惩罚的教育是不完整的教育，也是一种不负责任的教育"。在平时的教育管理中，我们经常会发现，有的学生"刀枪不入"，屡教不改，不管教师怎样"动之以情，晓之以理，持之以恒"地说服教育，如何苦口婆心、"好说歹说"地谆谆教诲，他们还是"顽症难治，劣迹不改"。而一旦采用了适当的惩罚手段，他们往往立即收敛。

（2）使用适应的惩罚手段

实施惩罚不仅应该遵循所规定的具体要求、原则，注意科学的方法，而且应根据教育目的、对象的特点，讲究运用语言的艺术。最关键的是要促进孩子的反省，以情动人，注意场合，严肃诚恳，恰当准确，切忌讽刺挖苦，伤害学生的自尊心。

最后，让我们再重温一次前苏联著名教育家马卡连柯的话吧：

"合理的惩罚制度，不仅是合法的，而且是必要的。这种合理的惩罚制度有助于形成学生的坚强性格，能培养学生的责任感，能锻炼学生的意志和人格，能培养学生抵抗引诱和战胜引诱的能力。"

惩罚本身就是一种教育

俗话说，"吃一堑，长一智"，世界上"吃堑"的多了，有的长智了，有的却没长智。这是为什么呢？是因为没有让当事者为自己的错误承担责任。惩罚就是通过批评、处罚等手段使受罚者感到痛苦，但又不损害学生身心健康，从而使学生既为自己的错误承担责任又努力改正自身过失的一种教育方式。它的出发点在于对学生的关怀和爱护，不侮辱学生人格和不损害学生的身心健康而最终目的在于达到教育学生。惩罚是一种刚性行为，在措施上带有一定程度的强硬性，在态度上具备一定的严肃性，在要求上有一定的规范性。对教育对象是强制实施，施加一定的心理压力，带给学生一定的痛苦，使学生产生一些不良的情绪反应和行为反应，从而激励学生改正错误，提高自己。

我们先来看下面这个案例：

最近学生的上课状态不佳，尤其是坐在后几排的学生。虽然看起来都老老实实地坐在那里，但却是心不在焉。偶然提问叫起他们，也是慌慌张张、结结巴巴，连语文课代表小雯也是一连几节语文课都不曾举手发言一次，全没了往日的半点风采。我留心观察，看到总有人趁我不注意时埋头奋笔疾书写着什么，一定有什么秘密！于是，在课堂上我出其不意地走到小雯身边，吓得她脸色发白乖乖从座位里拿出一个四角已磨得发白的本子，这就是"罪魁祸首"——他们自创的"聊天本"。

我接过本子只是粗略地翻看了一下便大吃一惊。"聊天本"完全仿照网上聊天室的样式，有版主，还有多达十五六人之多的"聊客"，中间不乏几个成绩不佳的学生，每人都起了怪里怪气的网名；再看聊天内容——包罗万象，无所不谈；聊天时间——分明是上课时间，原来可能是利用自习课写完作业后偷着聊，现在发展到上课都没心思了，你一言我一语聊得好热闹，怪不得最近几天收上来的作业一塌糊涂。我越看越生气，这样下去，班级还不大乱才怪呢。"这次决不能轻易放过他们。"这么想着，我抬起头，发现教室里静得出奇，那些自知犯了大错的学生吓得大气不敢出，五十双眼睛都在盯着我，似乎在等待暴风雨的来临。一瞬间，许多念头一闪而过：斥责一顿，讲道理，沉默，请家长，似乎都不妥。没想好前还是以退为攻比较好。于是我轻描淡写地只说了一句："你们的创意还不错嘛，聊天本暂时放在我这儿，让我也学学。"因为不知道自己会得到什么样的惩处，他们的心里更加忐忑不安。整个下午。小雯和她周围的一小群"死党"都乖极了。

回到了办公室，我翻看着聊天本，心里很不平静，如何处理这件事呢？一味地宽容就是纵容，不行；只讲道理又太乏味，也不行；狂风暴雨地训斥一顿，向家长告状让他们受点儿皮肉之苦，这只能加深师生之间的隔阂，更不行！何况惩戒学生绝不是体罚，行为由思想意识决定，六年级的孩子已经进入了青春前期，学习的辛苦使他们需要有一个宣泄的出口，他们知道上网吧是不好的，所以采取了笔聊的形式。事情的出现就说明孩子们有这种交流的需要，如果一味地制止很可能转移得更隐秘而无法控制，与其堵不如疏导，何不给他们一个合理的机会呢？

主意已定，我就等着放学了。

果然，教室的人走完后，一小群参与聊天的学生齐刷刷地站在我面前认错来了。错在哪里，他们个个讲得明明白白。等他们说完，我又一次对他们的做法提出了严厉的批评。之后我又严肃地说："做了错事就要受到惩罚，但通知家长暂时延后。既然你们喜欢笔聊，那么每人要先写出500字以上的检讨，然后，我罚你们把这个本接着用下去。"这下他们都大吃一惊。"不过用途和用法要改。这个本子要成为你们小组的周记本，每人负责写一天，不得少于500字。"说到这里，我看到几个作文老大难的同学已经苦起了小脸，小声嘟囔着："还不如通知家长呢。"对他们，这也许是一种更大的惩罚吧。我接着说下去："绝不可以在课堂上写，但是内容比较自由，只要健康向上的，写什么自己说了算，写好后要接受全班同学的监督，一周给你们一次在班里展示最佳作品的机会，写得好说明你们认识错误的态度端正，写得不好就新账旧账一起算。"看到我一脸的严肃，他们都无条件地接受了这个处罚。

这个聊天本就这样被有声有色的利用下去了。一开始，他们十分拘谨，循规蹈矩绞尽脑汁地编作文，后来，我有意识地引导他们去写日常生活中发生的事，凡是在班里展示的文章都有导向目的。我鼓励他们在这个聊天本里自由地谈天说地，感兴趣的电影、喜欢的书、爱听的歌都可以作为话题，可以发感慨，可以说心里话，叙事文、散文、甚至诗歌，形式不限。我偶尔也拿来在上面发表自己的意见，小小地感慨一下，谓之"灌水"（实际是为了检查）。看到老师都这么给面子，他们也渐渐地越写越有劲了。其他同学好羡慕，于是又有几个聊天本问世了，更多的同学也想一展自己的文采。没有限制的语言实践让孩子们放开手脚大胆地写，班里读书写作的氛围愈见浓烈，作文写得好的同学也越来越多了。学校的征文比赛大家都踊跃参加，收获颇丰，小雯的学习也重新走上了正轨。在十月举行的"大连市最佳旅游城市征文大赛"中，她以《多彩的大连》为题的一篇作文荣获一等奖。

"溺子如杀子"，这是中华民族的著名古训之一，它告诉人们，教育孩子不能一味说好话，哄着、捧着而没有一点惩罚，没有批评和惩罚的教育是不完整的教育。一个人在青少年时期没有接受过批评和惩罚，他将来就很难面对挫折和失败。所以，一个人在学生时代，有了缺点和错误，就要接受批评或惩罚。这是一个人一生中的宝贵财富，是不可替代的，也是学不来的。

新课程提倡赏识教育、激励性评价，这非常有利于学生的健康成长，但是，素质教育也不排斥惩罚，关键是班主任如何运用手中的管理权利来巧妙地实现教育的目的。有一个班主任与学生共同制定惩罚办法：第一次违反，老师悄悄地告诉你；第二次违反，在黑板上出现你的名字；第三次违反，与老师一起吃"寂寞的午餐"。这个学校的午餐是集中提供的，如果多次违反纪律，就要被剥夺与同组小朋友共进午餐的权利，而由老师陪着吃。这种"有尊严的惩罚"很好地体现了宽严有度，以人为本的原则，它对学生起到的教育作用是简单粗暴的惩罚所不可比拟的。

让惩罚既不损害学生的身心健康，又达到"刻骨铭心"的教育目的，这需要班主任的教育智慧。在上述案例中，班主任把惩罚与鼓励结合得如此巧妙，是值得我们效仿的。

值得注意的是，是人就会犯错，作为未成年人的学生同样会犯错误，多少都有受惩罚的时候，如果你想让学生在惩罚中进步提高，不致因惩罚而使学生心存怨恨而遂成对立，这其中大有学问，以下是专家的两点提示：

首先，惩罚绝不是单纯体罚。

在惩罚教育中，并没有一个固定不变的方法。学生个性不同，惩罚的方法也不同。按常理来说，粗暴、简单的方法大多难以奏效，所以惩罚的前提是必须用心地了解学生的性格。例如，对于特别内向，很容易感到羞愧的学生，可以惩罚轻一些，措辞、方法注意些，并及时调整学生的情绪；对于外向、自律性极差的学生，惩罚就可以重些了，但一定要注意适度。

　　了解学生的前提是尊重学生,你要尊重他的一切与众不同,他的一切可挖掘的个性。任何一个学生都需要尊重,但这并不等于只有赏识,没有惩罚。孩子虽然小,但也必须让他从小学会对自己的过失负责,学会面对,学会反思,这也是培养他们责任心的一个契机。

　　其次,不能让学生当众出丑。

　　惩罚,不是虐待,不能使人失掉自信、自尊。教师不应在气头上惩罚学生,而应先冷却,尽量避免当众惩罚,免得伤其自尊。待心平气和后,根据情节轻重、态度好坏来惩罚,让学生知道自己错在何处,使之自我反省,目的是激励其改正错误,积极向上。

　　其实,在惩罚之前,先给予警告,一两次警告就会让学生意识到必须改正,否则会受惩罚。惩罚的开始与结果要明确,不要因为一件事,长时间对学生充满了愤慨气息。惩罚过去,一切也必须从头开始。

　　惩罚教育,需要在爱的氛围中实施,才能对学生心灵产生触动。我们可以惩罚,但可以让惩罚更加美丽动人,使它具有一种激励学生向上的动力。

　　总之,赏识也罢,惩罚也罢,都是必要的教育手段,是彼此兼容而并非对立的,关键是必须有彼此平等相互尊重的关系,只有这样,才能称之为教育。

发火也是教师的权利

　　教师可以对学生发火吗?

　　这恐怕是个"公说公有理,婆说婆有理"的问题。立场不同的人,看待学生角度不同的人,教育实践不同的人,都有其各自的看法和足以支撑其看法的依据。

　　我的立场是,发火也是教师的"权利"。关键是看你如何"发",何时"发",对谁"发","发"了的后果是什么。

　　有一位知名班主任讲述过这样一件事:

　　我曾遇到过这样一个学生,整天笑嘻嘻的。他觉得我脾气不大,对我说的话不怎么放在心上。有一段时间，他上课经常说闲话，尤其是主动偏着头跟旁边的学生说这说那，让人难以容忍。我说过他几次，他不拿我的话当回事。我批评他，他只是笑嘻嘻地点头，过去之后说话依旧。

有一次，他上地理课说闲话，下课后被地理教师叫到办公室写了一份检讨。我放学后把他独自留在教室里，瞪起眼来大发其火。这次他不笑了，一直低着头，最后临走的时候低声对我说："老师，我以后一定改。"后来，他确实改掉了上课说闲话的毛病。其实，我本来没有那么大的火气，只是借着这个有利时机放大开来，"风助火势"，确实起到了预期的作用。

我们的学生不都是生长在谦谦君子家庭里，学生顽劣品行的形成应当与其监护人的过分软弱或过分娇纵有关，也与监护人的暴戾乖张有关。就是一般学生的家庭教育中，也不会缺乏监护人的瞪眼发脾气，甚至"动武"。

目前，我国还没有针对监护人"虐待"被监护人应负刑事责任的具体司法条文，家长打孩子还无法受到严惩。所以，不少在"打骂"中成长起来的中小学生缺乏自尊，也不大懂道理。在如此国情条件下，如果教师控制自己过了头，对学生的"劣行"也一点不生气，遇见任何事情都是温文尔雅地讲道理，在学生看来就是老师并不在乎自己的错误。其结果就是"劣行"扩张，教师的自抑无形中变成了纵容。当然，如果教师动辄发火，那么教师的发火肯定贬值，学生会认为是这个教师脾气不好。结果，反而把问题的严重性给掩盖，也不利于学生成长。

教师发火应当有个"度"。这个"度"既与恰当的时机有关，又与教师工作的"火候"有关。这样说恐怕太抽象，还是举个较为详尽的例子或许能说得更明白一些。

学校每周给班级安排了一节自修课，本来我是让学生上自修的，后来发现效果不好，预备班的孩子，作业并不多，很多人把时间都浪费掉了。于是我对他们说。从下周开始，我给大家讲一些有关中华美德的故事吧，大家都是中国人，咱们国家的传统美德得知道。学生们都很欢

学生奖惩艺术

迎。我从图书馆里借了几本书，虽说增加了备课量，但是这样的事情多做点我也很乐意。

每次讲完一个故事，我都会组织他们讨论，谈自己的感想，谈自己的亲身经历。学生都很有兴趣上这样的课，比上别的课还全神贯注，还要投入。我自己也常常受到启发。一次，我在讲一个美德小故事，快讲完的时候，意外的事情发生了。坐在最后一排的王小龙，突然说出了一句话："傻×，先奸后杀。"

课堂宁静的气氛一下子凝固了，我几乎不相信自己的耳朵。抬眼望去，王小龙正坐在那儿傻笑呢。最近两周来，班级里有个别男生出现了说脏话和粗话的不良现象，其源头就是王小龙。王小龙来自外地，以前的学校风气不好，说脏话粗话成风，王小龙已经养成习惯。其实为这个事我在班级里也讲过，找王小龙也谈过许多次话，他的认错态度也很好，怎么今天会突然冒出这句话？

全班同学的眼光都转向王小龙，他还在咧着嘴傻笑着。我这个故事其实没什么呀，只是主人公是个小女孩，也不知他在想着什么。才十二三岁的小男孩，似懂非懂的年龄，在这样的一个开放的社会中，沾染了一些不好的思想。可你有思想活动也不能当众说出来啊，在这样的时刻，他给我出了一个难题。

难题是明摆着的。教室里一片肃静，所有的眼睛都看着我。在那电光石火之间，我必须要做出决定，所有人（除了王小龙）都在看我的反应，我的态度至关重要。我放下了书本，抬起头直视着王小龙，压着嗓子，说出了两个字："出去！"

这次轮到王小龙震惊了。他的嘴张在那里，已笑不出来，因为我变脸变得太快，他一时无法适应，两腮上的肌肉还有些抽动。全班的眼光又一次集中到王小龙身上，王小龙像怀疑自己听错了一样，坐在那儿一动也不动。

"出去！"我看着王小龙的眼睛坚定地重复道，眼神是那样的咄咄逼人。王小龙一点点露出恐惧的眼神，只是时间太短，他脸上的笑容竟还没有完全消失，他坐在那，不相信这瞬间变化的现实。

75

我走近了一步，我要让他绝望："再不出去，我们要找人'请'你出去了。"王小龙羞愤交加，一点点站起身来，在全班同学的注视下，慢慢地走出教室。在他走到教室门口的时候，我用极为严厉的声音说："到厕所里去，把你这张嘴洗干净！下次再让我听到你说这种话，我就不让你进这个门!!!"

王小龙消失在门口之后，我低下眼帘，平静地对大家说，好好想一下刚才我讲的故事，给大家5分钟的准备时间，待会儿我们来讨论。

说完，我走出教室，我左右望去，王小龙靠在教室门外的墙上，目光呆滞，两行清泪，顺脸而下。我严肃低沉地对他说："知道你今天的错误吗？"他点点头。"这个问题我以前提醒过你吗？"他点点头。"那为什么今天还要讲？而且还上课讲，明目张胆地讲！"我一瞬间提高了音量。王小龙全身紧缩，说不出话来。我放低声音："今天老师再给你最后一次机会，你如果能保证以后再也不讲这种话，你就进教室，如果不能，你就永远站着。"说完，我转身回了教室。

王小龙在众目睽睽之中，眼泪汪汪地回了座位，关于刚才的事情，我和他一句话也没说，大家看着我们，亦说不出话来。接下来的讨论，所有的人都很拘谨，远没有以往热烈。王小龙则一直呆坐着，直到下课。

但是，对于全班同学来说，这是极其难忘的一节思想品德课。从此以后，说粗话脏话的现象在班级里销声匿迹了。

这个故事带给我们的感受是很深的。

在整个教育过程中，教师的态度分寸掌握得很好，尤其是发火的时机和力度都恰到好处。他的发火时机是选在以前多次和风细雨的教育开导无效之后，再就是火气嗓门虽大却并不开骂，没有人身侮辱和攻击。另外，发火批评之后并没有对学生置之不理，而是又单独跟他讲道理，进行利害分析，使他了解老师的诚心苦心，真正明白有关道理，也是工作取得成功的重要条件。

班主任教师可参考上面的处理原则"相机行事"，但学生的问题五花八门，没有一个固定的现成模式是可以任意套用的。我们应该在工作中不断摸索创新，形成有自己特点的有效处理办法。

处罚一定要触及灵魂

曾在媒体上看到这样一则消息：

某市的交通警察为教育骑自行车违章者，改变了传统的以罚款处罚的办法，而让违章者举着一面写有"不要违章"的小旗在路口帮助交警维护交通秩序。据介绍，此项措施实施两个多月来，骑车违章者锐减，交通秩序大为改观。

这真是一种高明的"惩罚"。它使违章者在精神上受到触动，比起单纯的罚款高明多了。

由此，我想到了教育、教学实践中经常遇到的一些问题。作为一个教师，尤其是班主任，也经常会遇到一些"闯红灯"的违章学生。怎么办？除了一般形式的批评教育外，我们当然可以采取一点"惩罚"的手段。但是，惩罚不是形式，更不是走过场，而是要深深触及被罚者的灵魂，让他们像故事中的交通违章者那样受到精神上的振动，才能收到应有的效果。否则，所谓的处罚就会变得毫无意义。

下面这些做法我们随处可见。

学生犯了错误，往往被老师责令罚站。有的学校允许在走廊罚站，有的学校只允许在教室后面罚站。

效果怎么样呢？我常常看见那些被罚站的学生在那里站着发呆，不然就是三五个在那里疯疯打打，老师没有时间来管他们啊。学校的教育是训练学生的脑筋，这种不动脑筋的罚站，对于教育学生益处不大。

还有的老师要犯错误的学生写检讨书，还限定字数，要求500字以上。有好些学生第一个反应往往是要赖：不会写。细心一点的班主任就要启发他：一是想一想事情的经过；二是谈一下自己的认识，分成几个小点；三是说说今后的打算。三个方面各可以罗列许多条，500字不就可以凑足了吗？但是态度粗暴的班主任就不这么办，你不写？好，我就留你到天黑，看你写不写得出。我听说某学校一位年轻的班主任，把一个学生留到了夜晚 12 点！最后人家家长打着电筒找到学校里来了。许多学校的老师也都这么干。

犯错误的学生多数是差生，差生之所以差，根子是语文基础差，造成接受能力差，理解能力差，表达能力差。能够这么头头是道地把问题分析出来，那就不是差生了。你要他能够认识问题，写出较有深刻的思想认识的文章，就需要你自己动手帮他们做。差生犯错，你要当着学生的面替他修改检查书，从中心思想到段落大意，从语病到错别字，一个问题一个问题地讲。一边跟他讲，还要一边修改，然后要他誊正。检查书要用规规矩矩的练习本的纸写，不许用乱七八糟的破纸来敷衍。

还有一些老师用的方法是"劳动改造"。学校的卫生死角多得很，随便指一块，责令他去扫干净，干完了，报告班主任去检查。但是这个方法值得考虑——劳动是光荣的，改造就成了惩罚性措施。所以应该说成是"建议劳动"，不说改造，让犯错误的学生在劳动中寻找自信、学会自控、实现自我价值，从劳动中体会到付出的快乐和成功的自豪，从而通过扬善改正缺点。做法相似，但是提法和效果不同，窍门是强制措施，善意解说。

另外一个办法是面壁思过，静坐反思，这是从僧人坐禅中悟出来的方法，效果很好。学生触犯了纪律，把他们少数几个人邀请到安静的地方，或者在别的教师不会来的时候，把学生请到办公室来（之所以避开其他教师，是怕学生失面子），让他们盯着墙壁看，或者闭上眼睛静坐十分钟到半个小时。交代方法之后就不责骂他们，也不要他们写检讨书。其实检讨书那东西很讨厌，学生有一种罪证在老师那里的感觉，思想上有抵触情绪。让他们自己在宁静中思考，淡泊明志，宁静致远。高年级学生都能够接受这个处罚，在宁静中认识到自己的错误，主动提出改正办法。这个方法的关键是面壁之后，要与教师交流看法，认识不深刻就继续面壁，直到完全认识问题为止。

记住，不要在全班同学面前轻易地对一个学生下结论，那样很容易引发他们的叛逆情绪。表扬宜公开，批评宜暗中进行。无论你采取哪一种方法，在处罚之前，均应做好学生的思想工作。让他们愉快地接受处罚，是你班主任工作到家的一个重要表现。

总之，记住下面几句话，对班主任做好处罚工作是有益的。

（1）不动脑筋的罚站，对于教育学生没有意义。

（2）检讨书那东西很讨厌，能少用就少用。

（3）"建议劳动"是一个不错的选择，可以激发学生的成就感。

（4）面壁思过，在宁静中冲击着学生的灵魂。

（5）让犯错误的学生愉快地接受处罚，是你班主任工作高明的表现。

合理合法地惩戒学生

曾听许多班主任这样感慨，语气既无奈又悲伤，还带着一丝酸楚和迷茫：

教师真的越来越难当了，特别是遇到一些差的学生，教师变得一点办法都没有了，打也不是骂也不是，打学生早已归入一条罪状——叫体罚，被明令禁止了；现在连批评也不太敢了，批评重了孩子可能想不通，到头来是教师吃不了兜着走；批评和"侮辱人格"，界限又到底在哪里呢？

为了少惹麻烦，一些老师可能抱着多一事不如少一事的心态，采取不作为的消极态度。

可是，谁都知道，对那些特别差的学生，教师如果没有强而有力的惩戒手段，不能有效地控制这一小部分"害群之马"的行为，那么最终受伤害的可能是大部分好学生。但教师却越来越感觉到"黔驴技穷"了。那怎么办呢？如何既有效地控制学生的不良行为，又保护教师自己呢？我们得从师生关系谈起。

在过去，家长和教师一直是站在共同的立场上来管教孩子的。有两个原因，一是因为过去，有文化的人不多，在缺少文化的家长看来，满腹经纶的教师简直像神一般，需要顶礼膜拜的，教师焉能有错？二是因为在过去，人们将师生关系定为一种伦理关系，而且这种伦理关系是仿效家庭伦理中的父子关系来确定的，在家里，"老子"打儿子是再平常不过的事了，所以有的家长或许还会授意老师：这小子不听话，任老师揍他！

可现在，教师"为所欲为"的两大条件都发生了变化，在家长眼中，教师可能没什么了不起，你是"一流人物"还能只当个教书匠？在整个国家民主化进程中。教师与学生不再被认为是一种仿效家庭伦理的血缘关系了，在很多家长看来，教师仅仅是帮助孩子成功的"工具"，这把工具不好使，就告你。于是，教师早已被请下了神坛，新的师生关系应该被建立起来。

这种新型的师生关系应建立在国家法律制度的基础之上，建立这种新的师生关系意味着教师不必再扮演"一日师终身父"的角色，而应与学生建立平等的关系，这种关系首先不是以血缘，其次不是以感情来维系的。教师对学生也不必如其父母般"恨铁不成钢"，只要对每一名学生尽心尽职，就算是对这份职业有所交代了。当然教师的不作为不应被宽容，积极的态度应该是在合理合法的前提下，有效地惩戒学生。

因为教师的违法与侵权行为多发生在对学生的惩戒中，所以有必要对教师惩戒行为的规范作一番考察。

所谓"惩戒"，是指通过对不规范行为施于否定性的制裁，从而避免其再次发生，以促进规范行为的产生与巩固。"惩"即惩处、惩罚，是其手段；"戒"即戒除、防止，是其目的。在教师的惩戒活动中，手段与目的应紧密相连。

惩戒是教师对学生进行管理教育的方法之一，往往通过给学生身心施加某种影响，使其感到痛苦或羞耻，激发其悔改之意，从而达到矫正的目的。从惩戒的定义中，我们应该可以区分惩戒与惩罚的不同，区分惩戒与管束和体罚的不同。

首先惩戒不同于惩罚，惩戒强调教育效果与目的的达成。惩罚往往只注意负强化的取得本身；其次惩戒不同于管教，管教是一种管束，其内涵着眼于管理和规范，与惩罚、收拾同义；惩戒与体罚不同，体罚是惩戒中最极端的一种，既不能取得预期的教育效果，又严重违背教育人道主义根本原则，因而是违法行为。

教师完全拥有对学生进行惩戒的权力。作为教师，有权对教育活动的整个过程施加某种影响和控制，有权做出职责范围内的专业性行为。这是教师的职业性权利之一，也是教育活动中教师必要的权力之一，是随着教师这一专业身份的获得而取得的。教师放弃这种权利意味着教师放弃了自己的教育责任。教育是一种培养人的活动，教师作为教育者，承担着社会、历史、国家和儿童之间的中介角色，教育活动要求教师肩负国家使命，使教师始终处于教育活动的主导性地位，而教育活动的正常进行，离不开一定的纪律、秩序及管理组织形式，要维护教育的实施，教师必须拥有控制权力，而且这种权力历史悠久，不是轻易就能放弃的。

但是，世界上任何一种权力都是一种强制力，都会对权力对象产生一定的伤害，因此，任何一种权力都是需要限制的，教师的惩戒权也需要限制。

第一，教师惩戒学生应具有教育性。也就是教师惩戒学生的出发点不是为了使学生感受痛苦和耻辱，惩戒是一种不得已而使用的教育手段，检验惩戒效果应看其越轨行为是否改正，而不应看是否给教师或他人带来愉悦。

第二，尊重学生人格。学校执行纪律的方式应符合儿童尊严，确保儿童"不受任何酷刑或其他形式的残害、不人道或有辱人格的待遇或处罚"。（《儿童权利公约》1959年）

第三，惩戒应合理并公正。主要包括：在惩戒行为发生前，应使学生明白什么样的行为会受到惩处，自己的行为为什么会受惩处；在确定具体惩戒方式时，不应过于严厉，应考虑到学生身心发展水平、平时表现等因素，并与其越轨行为相对应；在行使惩戒时，应遵循一定的标准、制度，合理地进行惩戒，而不是为了报复学生或将惩戒作为教师的情绪宣泄，不因个别学生的越轨行为而迁怒于学生群体，不采用集体惩罚而使无辜学生受罚。

第四，惩戒要符合相关程序。程序是为了保护个体免受专断或非法的管理行为受侵害而设定的一种保护措施。它包括两个方面：一是学校惩戒程序规定的合法性与合理性；二是做出决定的步骤和手段是否公平。特别是做出诸如停学、开除等较为严重的惩戒决定中，应保证必要的程序要求获得满足。

满足上述四个条件后，班主任可拥有针对学生的越轨行为较多的自由裁量权，可选择以下惩戒方式：

（1）言语责备。指直接用语言对学生进行批评，是惩戒行为中最轻微的一种。

（2）隔离措施。将学生从其扰乱背景中分离出来以控制学生的行为。如让学生坐到教室的一个固定角落或窗口听课。被隔离的学生不应被剥夺受教育权，且时间不宜超过半小时。

（3）剥夺某种特权。被剥夺的特权必须是学校正常教学活动之外的，与学生受教育权无直接联系的权利。如课外兴趣小组、出外春游等。

（4）没收。没收与越轨行为有特定关系的物品，没收是暂时的，应在短期内归还学生或家长。

（5）留校。放学后将学生扣留在学校一段时间，一般不超过一小时，并以不影响学生正常用餐为前提。

（6）警告。较严重的责备方式，属于全校范围内的惩戒批评方式。

（7）记入学生档案的处分。越轨行为严重时的惩戒方式，以造成学生日后进入社会的实质性障碍。

（8）停学。将学生排除于学校教育活动之外的一种惩戒手段。只能是短期的停学，惩戒决定的程序应非常严格。

不必再感慨了吧，惩戒是你的权利，也是班主任的工作职责之一，只要合理合法，你尽可以大胆使用。

"体罚"，真的不可以吗

曾经看过这样一个家教事例：

一位当工程师的父亲对于上小学二年级的儿子一筹莫展，儿子总是把放学后的家庭作业扔到一边就跑出去玩耍，对他百般教育，苦口婆心，却全然无效。迫不得已，则打屁股。而每当把儿子按到床头要打时，又总在儿子大声喊疼，并保证以后不再重犯后而赦免。

一次又遭这种场面，适逢爷爷来家。看见爷爷的到来，孩子如同遇到大救星，故伎重演，并要爷爷"救命，下次不敢了!"爷爷是深谙孙子这一套的，对于孙子的讨饶，爷爷回答："下次不敢，很好，下次不打，但这次已经犯了，应接受惩罚，打!"自此之后，这孩子的毛病竟然未再犯。

事例中，家长使用的教育方法，用我们今天的话说就是"体罚"。

"体罚"可以用吗?

许多教育家几乎异口同声地回答你:整个教育过程包括家庭中的教育必须废止一切体罚。

但是，世间没有绝对的事，教育孩子也不例外。体罚不管有多大的弊端，都不应一棍子打死。

因此，我们认为在儿童成长的某一时段（由于各种原因，这一时段发生的年龄段不同），在纠正其某些顽症时，体罚往往会有明显效果。著名作家毕淑敏在《孩子，我为什么打你》一文中就为我们的观点提供了支持——

孩子，在这个世界上，我只打过一个人。不是偶然，而是经常;不是轻描淡写，而是刻骨铭心。这个人就是你。

在你最小最小的时候，我不曾打你，你那么幼嫩，好像一粒包在荚中的青豌豆。我生怕任何一点儿轻微的碰撞，将你稚弱的生命擦伤。我为你无日无夜的操劳，无怨无悔。面对你熟睡中像合欢一样静谧的额头，我向上苍发誓:我要尽一个母亲所有的力量保护你，直到我从这颗星球上离开的那一天。

你像竹笋一样开始长大。你开始淘气，开始恶作剧……对你摔破的盆碗、拆毁的玩具、遗失的钱币、污脏的衣着……我都不曾打你。我想，这对于一个正常而活泼的儿童，就像走路会跌跤一样应该原谅。

第一次打你的起因，已经记不清了。人们对于痛苦的记忆，总是趋向于忘记。总而言之，那时你已渐渐懂事，初步具备童年人的智慧：它混沌天真又我行我素，它狡黠异常又漏洞百出。你像一匹顽皮的小兽，放任无羁地奔向你向往中的草原，而我则要你接受人类社会公认的法则……为了你记住并终生遵守它们，在所有的苦口婆心都宣告失效，在所有的夸奖、批评、恐吓以及奖赏都无以建立之后，我被迫拿出最后一件武器——这就是殴打。

假如你去摸火，火焰灼痛你的手指，这种体验将使你一生不再去触摸这种橙红色抖动如绸的精灵。孩子，我希望虚伪、懦弱、残忍、狡诈这些最肮脏的品质，当你初次与它们接触时，就感到切肤的疼痛，从此与它们永远隔绝。

我知道打人不对，但这个世界给了为父母者一项特殊的赦免——打是爱。世人将这一份特权赋予母亲，但当我行使它的时候臂系千钧。

我谨慎地使用这一权力，犹如一个穷人使用他最后的金钱。每当打你的时候，我的心都在颤抖。我一次又一次问自己：是不是到了非打不可的时候？不打他我还有没有其他的办法？只有当所有的努力都归于失败，孩子，我才会举起我的手……

每次打过你之后，我都要深深地自责。假如惩罚我自身可以使你汲取教训，孩子，我宁愿自罚，哪怕它将苛苛 10 倍。但我知道，责罚不可以替代也无法转让，它如同饥馑中的食品，只有你自己嚼碎了咽下去，才会成为你生命体验中的一部分。这道理可能有些深奥，或者需要到你也为人父母时才会理解。

打人是个重体力活儿，它使人肩酸腕痛，好像徒手将一千块蜂窝煤搬上五楼。于是人们便发明了打人的工具：戒尺、鞋底、鸡毛掸子……

我从不用那些工具。打人的人用了多大的力，便要遭受到同样的反作用力，这是一条力学定律。我愿意在打你的同时，我的手指亲自承受力的反弹，遭受与你相等的苦痛。这样我才可以精确地掌握分寸，不至于失手将你打得太重。

我几乎毫不犹豫地认为：每打你一次，我感受到的痛楚都要比你更为久远悠长。因为，重要的不是身累，而是心累……

孩子，我决定不再打你了。因为你已经长大，因为你已经懂了很多道理。毫不懂道理的婴孩和已经懂道理的成人，我以为都不必打，因为打是没有用的。唯有对半懂不懂、自以为懂其实不甚懂道理的孩子，才可以打，以助他们快快长大。

毕淑敏在这篇文章里指出：体罚，是在所有的苦口婆心都宣告失败，所有的夸奖、批评、恐吓及奖赏都毫无作用之后才使用的。目的很明白，要强制他们接受"人类社会公认的法则"。

不用说，每个孩子在成长的过程中都曾经受到过家长的训斥和惩罚。可以说，这种家庭教育方式和"用拳头教育孩子"一样，都是家长用来"对付孩子"的最古老的方式之一。

然而，现在有一种观点对这种方法有些不屑一顾，认为这种方法多少缺乏点文明气息。其实，这未免有些偏颇。只要运用适度，斥责甚至更厉害些的体罚都能起到不错的教育效果。

家庭教育如此，学校教育也如此。当然，体罚不是目的，只是手段。运用这一手段也有讲究，美国作家兰妮·麦克穆林回忆自己当学生时受体罚的一幕仍记忆犹新——

也许，在这个世界的其他地方同样也有威信极高能使所有学生都敬畏如神的老师，但肯定不会有哪位老师会像在我们镇上待了30多年的弗洛斯特女士那样，成了全镇老少的严师，让大家都服膺于心。

我不知道她是如何走进众人的心底的，至于我，是因为一次难忘的体罚：挨板子。

那是一次数学考试。考试前，弗洛斯特女士照例从墙上把那块著名的松木板子取下来，比试着对我们说："我们的教育以诚实为宗旨，我绝不允许任何人在这里自欺欺人，虚度时日。这既浪费你们的时间，也浪费我的时间。好吧，下面开始考试。"说着，她就在那张宽大的橡木办公桌后坐下，拿起一本书，径自翻了起来。

我勉强做了一半，就被卡住了，任凭绞尽脑汁也无济于事。于是，我顾不得弗洛斯特女士的禁令，暗暗和好友伊丽莎白打了招呼。果然，伊丽莎白传来了一张写满答案的纸条!

这次作弊的代价是晚上翻来覆去难以入眠,才迷糊过去,又被噩梦惊醒。早就听人说过,教室里一只蚂蚁的爬动也逃不过弗洛斯特女士的眼睛,这么说,她现在只是故意装聋作哑罢了。思前想后我打定主意,和伊丽莎白一起去"自首"。

第二天,我们战战兢兢地站到了弗洛斯特老师身边:"我们知道错了,我们以后永远不做这种事了,就是……"(没说出口的是"请您宽恕!")

"姑娘们,你们能主动来认错,我很高兴。这需要勇气,也表明你们的向善之心。不过,错误既然铸成,你们必须承担后果,否则,你们不会真正记住!"说着,弗洛斯特女士拿起我们的试卷,撕了,扔进废纸篓。"考试作零分计,而且……"

看到她拿起松木板子,我们都惊恐得难以自持,连话也说不囫囵了。

她吩咐我们分别站在大办公桌的两头,我们面面相觑,从对方的脸上看到自己的窘态。"现在你们都伏在自己身边的椅背上,把眼睛闭上,那不是什么好看的戏。"她说。

老师会先惩罚谁呢?我抖抖索索在椅背上伏下身子。

"啪"的一声,宣告了惩罚的开始,看来,老师决定先对付伊丽莎白了。我尽管自己没挨揍,眼泪却涌上来了:"伊丽莎白是因为我才受苦的!"接着,传来了伊丽莎白的呜咽。

"啪!"打的又是伊丽莎白,我不敢睁开眼睛,只是加入了大声哭叫的行列。

"啪!"伊丽莎白又挨了一下——她一定受不了啦!我终于鼓起了勇气:"请您别打了,别打伊丽莎白了!您还是来打我吧,是我的错!——伊丽莎白,你怎么了?"

几乎在同时,我们都睁开了眼睛,越过办公桌,可怜兮兮地对望了一下。想不到伊丽莎白竟红着脸说:"你说什么?是你在挨揍呀!"

怎么?疑惑中,我们看到老师正用那木板狠狠地在装了垫子的座椅上抽了一板："啪！"哦，原来如此！

这便是我们受到的"体罚"，并无肌肤之痛，却记忆至深。在弗洛斯特女士任教的几十年中，这样的体罚究竟发生了多少回？我无从得知。因为有幸受过这种板子的学生大约多半会像我们一样：在成为弗洛斯特女士的崇拜者的同时，独享这一份秘密。

这个故事让我们感悟很多。

从心理学的角度看，体罚可以起到对某些行为的抑制作用。只要适当使用这个技巧，就可以有效降低不良行为的出现频率。当然，依靠积极的鼓励来建立良好的行为在理论上比用斥责或惩罚来消除不好的行为要来得高明，但我们也必须认识到，只有正面的引导是不能解决所有问题的，正因为这样，我们才设立了监狱、警察局。

但是，我们必须始终坚持一条重要原则，即坚决禁止滥用体罚。

因为这样会对孩子的心灵造成伤害，如果不能做到这一点，那么宁可不用。

适当的体罚可以有效地祛除或削弱一些父母、老师所不希望出现在孩子身上的不当行为，但最终我们需要逐渐减少乃至清除体罚，增加用赞赏的频率，进而改进与孩子间的互动关系，在良好的气氛下促进孩子的成长。

总之，对于班主任来说，必须明白，惩罚教育也好，赏识教育也好，只是若干教育方法中的一种，还要与严格教育、挫折教育等并行，没有哪种教育方法是适用于所有孩子的。

任何时候都必须坚守惩罚的底线

没有爱就没有教育，没有惩罚也没有健全的教育。一般当教师、做家长的都同意这样的观点。爱与惩罚有如钱币的两面，两者结合才是世界上比较完善的教育。

但爱与惩罚，都是有讲究的，否则，不仅无效，还会适得其反。

惩罚的最高境界是唤醒，即唤醒被惩罚者生命、人格深处的自尊与自信。让被惩罚的人意识到：我错了应该受惩罚，受惩罚是为了更好地充实完善自己，而且我有改正错误的能力和勇气。

惩罚的前提是肯定、是尊重，即承认被惩罚的对象总体上是好的、有希望的，只是一时糊涂或在某方面有问题。

惩罚既要看对象，也要看被惩罚的事情的性质与大小。不能不分"青红皂白"、"动辄得咎"。对有些胆小怕事的学生，恐怕只要用眼睛瞪他一下，就可以起到警告的作用；对另外一些比较顽劣的学生，则可适当加重警告的分量。

惩罚要尽可能使用批评、警告或暂时剥夺活动权利、自由等方式，要严格限制体罚性质的惩罚，严厉禁止侮辱性、摧残性的惩罚。惩罚的伦理底线应该是对学生身心健康、人格尊严和教育尊严的保护。"侵其权"、"伤其心"和"伤其身"都是超越底线的，甚至会造成"重大过失"，成为"教学事故"。

可惜，在现实的教育实践中，逾越底线的惩罚教育时有发生。

我们先来看一个孩子遭受惩罚后的"悲情控诉"。

初一的时候，有次因为踢球，没有做作业，老师罚我写"说明书"，就是检讨书。先写一遍，老师说不够深刻，要我再写。这样一来，误了两节课，不知道讲了什么，也不知道留的作业。第二天，没法完成作业。老师说，你记吃不记打，又要我再写检查，于是我又耽误课。每天第一节课总是数学课，写了几次检查之后，就听不懂了。

班主任是语文老师，语文背书背不出来，老师就罚抄课文。茅盾的《白杨礼赞》、老舍的《在烈日和暴风雨下》，都是几千字的文章，一罚就抄十遍，抄不完第二天就乘以二，第三天就乘以三，永远也抄不完。

后来老师说，想少抄一遍就在操场上跑两圈。我们都宁愿去跑步，因为实在抄不完。跑步都是在课间或中午，好多老师和同学都在看，我们心里特别不好受。可跑步也跑不完，跑十圈还行，二十圈就跑不动了。第一天没有跑完的三十圈，第二天就变成五十圈了。这样一来，要跑的圈数越积越多。

老师又说，跑不完捡纸去，捡一袋纸就少跑多少圈。老师给我们准备了特大的塑料袋，每人一双筷子，到操场上去捡纸，纸片、塑料袋、树叶，什么都捡。可袋子太大，怎么也装不满。没办法，为了多弄些东西填满，我们就去买干脆面，吃完就把袋子留下。那会儿一天吃十几袋干脆面，中午也不吃饭。早上跑步，白天捡纸，晚上再跑步，可还是做不完因作业问题而带来的一系列事情，因为数量总在往上涨。如果把我从初一开始抄的课文和写的"说明书"（实为检讨书）订起来，都够几本书了。跑步跑到后来，就觉得腿都不是自己的了。到了期末，老师说，这个学年要结束了，你们要有个了结，要么一次补齐作业，要么去思教处。我们都说宁愿去思教处。

思教处就是学校管学生思想教育的办公室，违纪的、不听话的坏学生都往这儿送。

去了思教处还是写检查。送那儿的学生都要填一份严重违纪的登记表，我们填写被送来的原因是因为没完成作业被罚抄多少遍。思教处的老师还不同意，他对我们说："你们就写最根本原因是什么。"我们说最根本原因就是这个。那老师说："那是你们活该受罚，你们干吗第一次不完成作业？"

第二天，学校就把我妈请去了，填那张登记表都要告诉家长。我妈看了后特别生气，说你怎么一个学期都没完成作业，回家就把我暴打一顿，那么粗的一根扫帚都打断了，浑身青一块紫一块的。那天挨打的不止我一个。有个同学是冰球队的，他爸就用冰球杆打他，比我还惨。

听说旧社会有"利滚利"，穷人有还不清的债；话说今日学校也有"罚上罚"，学生有做不完的作业。这种严重侵犯学生休息权、学习权的现象，在不少地方时有发生，有的地方甚至已经蔓延为一种"司空见惯"的默许；不仅"见怪不怪"，而且可能还被视为"好心"、"严格"、"严师出高徒"的天经地义的表现。且不说它严重违法，单就其惩罚效果本身而言，这也是严重违反科学的做法。这种单一、重复的处罚至少有三大弊端：一是严重挫伤学生对于功课学业的积极性，削弱学生的探究精神和能力。惩罚原本是为了学生"学习好"，在这里结果反而有害于学生的学习。二是人在单一重复的活动中容易产生疲劳和厌恶情绪。严重的经常的不加遏制的惩罚，不仅影响学生对待一般事情的态度，久而久之，还会影响学生人格心理的发展。经常处于被警告、被惩罚、被追究状态的人，会产生心理、人格障碍，发生表达、沟通和交流的困难。三是重复单一的处罚会使人处于抑制状态，影响大脑的发育，有害智力的发展。这种不加节制的惩罚最终要受到来自自然的"报复"，即儿童受到摧残，教育遭到践踏，社会停滞不前。这绝不是危言耸听！

惩罚作为教育的一种手段而不是目的，它具有一定的合理存在的空间。在教育领域中实施惩罚，只要将它严格限定在某种程度上，惩罚也是有利于促进儿童全面、和谐发展的。那么，什么是教育惩罚的合理限度呢？教育惩罚的合理限度至少应该表现在以下四个方面：一是生命的伦理底线，即任何教育惩罚都应该以不伤害儿童的身体和生命为前提；二是精神的伦理底线，即任何教育惩罚都应该以不损害儿童的精神、人格为前提；三是教育的伦理底线，即任何教育惩罚都应该以不损害学校、教育和教师的名义和社会形象为前提；四是社会的伦理底线，即任何教育惩罚都应该以不违反国家保护青少年健康成长的法律为前提。四条伦理底线合起来可称为教育惩罚的伦理底线。本故事中的惩罚显然已经逾越了惩罚的诸多伦理底线，达到了对学生的身体、心灵、人格和学校教育的名声造成诸多伤害的程度，所以说它是为合理惩罚所不容的。

班主任们，不可不察之。

班主任的表扬艺术，是班主任的工作艺术之一。班主任的辛勤培育，使班集体和学生取得了成绩，班主任对其表扬应遵循哪些原则，才能做到有理论依据；采用哪些途径和方法，才能使表扬恰到好处，取得最佳效果；表扬应注意哪些问题，才能使学生再接再厉，取得更大成绩。这就是班主任表扬艺术的研究范畴。

它包括班主任对班干部的表扬，对优秀学生的表扬，对后进生的表扬，对一般学生的表扬和对班集体的表扬等几个方面。

一、对班干部的表扬艺术

班级干部是全班同学的带头人，是集体的核心力量，是班主任的得力助手。在班级的管理工作中，班主任紧紧地抓住了班干部的工作，就是抓住了矛盾的主要方面。班主任对干部的表扬，是对班干部成绩的充分肯定，工作上的大力支持，是对班干部的信任，也是促使班干部努力工作、不断进取的动力。

（一）对班干部表扬的原则

1. 以鼓励为主的原则

班主任对为班级做出成绩的班干部，要给予及时的表扬、热情的鼓励。这既肯定了班干部的成绩，又激励班干部鼓足干劲，以饱满的热情努力工作，以争取更大的成绩。对那些成绩不突出、工作进展不大的班干部，也要给予支持和鼓励，促使他们认真地总结经验和不足，继续为班级和同学服务，使他们在工作中增强信心，增长才干。

2. 以信任为主的原则

班干部是在全班学生民主选举中产生的，有群众基础，是同学的知心人；班干部又是在班主任全面考核的基础上任职的，能热心地为学生服务，有较强的工作能力，是班级同学的领头人。班主任要充分地信任班干部，放手大胆地使用班干部，以极大的热情调动班干部工作的积极性。班主任切忌在班干部工作时指手画脚，当着学生面指点班干部工作中的某某不足，这既束缚了班干部的手脚，又给班干部造成心理上的压力。

3. 以培养能力为主的原则

班主任对班干部的表扬，能促使班干部更好地学习、工作。但是，表扬只是激励班干部不断进步的手段，目的是培养班干部的工作能力，尤其是独立的组织工作能力，班主任不但要充分地信任班干部，放手大胆地使用班干部，而且更要注意培养班干部的各方面能力。班主任对班干部要做到在使用中培养，在培养中使用。

（二）对班干部表扬的途径和方法

1. 班队会上的表扬

班队会是在班主任（辅导员）的组织、领导下，由班级全体成员参加的一种自我教育和进行民主生活的教育形式，也是班主任向全班集体进行教育的重要方式。班主任在班队会上，对有成绩的干部给予表扬，以突出干部的带头作用。但表扬干部不要忘记广大学生，要突出集体的智慧和群众的力量；反之，则会助长干部的个人英雄主义，孤立了干部。

2. 总结会上的表扬

班主任可在班级总结会上（包括周末、月和各项活动总结会）对取得优异成绩，作出突出贡献的班干部予以表扬，加以鼓励。

3. 家长会议上的表扬

班主任在家长会议上对班干部进行表扬，通报干部学生的进步情况，便于家长了解子女在校的表现，配合班主任做好干部学生的政治思想工作，激励他们为班级为同学热心服务，取得更大成绩。给干部学生创造一个良好的校外教育环境，更好地使他们健康成长。

4. 申报表扬

申报表扬是表扬班干部的特殊形式。它是干部学生有突出成绩、事迹、特殊贡献，通过班主任上报学校或上级主管部门所给予的表扬或表彰。它包括申报校级、县级、市级优秀干部。干部学生的突出事迹，受到社会舆论的高度赞誉，班主任要通过学校及教育主管部门申报给各级人民政府给予表彰。

（三）对班干部表扬注意的问题

1. 注意点名表扬的问题

班主任点名表扬班干部，要注意学生的年龄特点和知识层次。低年级的儿童，喜欢班主任多表扬自己，这是他们好胜爱表现的心理特点决定的。对他们的点名表扬，能起到鼓励作用；而对高年级学生就不宜多点名表扬，因为他们各方面趋于成熟，多注重的是对自己的能力的培养。

2. 注意表扬过头的问题

班主任对干部学生的表扬，要注意分寸，把握适度，使表扬不要过头。班主任经常表扬班干部特别是主要干部，可能会给学生造成一种错觉，把正常的工作关系误认为个人关系，反而孤立了干部，不利于班级工作的开展。同时还要注意防止某些干部产生骄傲自满的情绪，它对干部的成长十分不利。

3. 注意语言问题

班主任对干部学生的表扬用语，要注意场合，做到生动、准确、自然，不要使用学生费解的词语、歇后语等，容易使学生产生误解，反而失去了表扬的实际意义。

二、对优秀生的表扬艺术

优秀学生是指那些思想进步，学习成绩突出，有健康的体魄，积极主动参加各项活动，在学生中威信高，能出色地完成学校、老师交给的各项任务的先进学生。

对优秀学生的表扬，应注意下列问题：

（一）注意偏爱、溺爱的问题

优秀学生是班级的尖子、骨干，各项活动常取得名次，得到老师的信任和同学们的夸奖。班主任对他们的表扬要从关心、爱护出发，不能偏爱、溺爱，要使学生以成绩为动力，今后争取取得更大的成绩，防止出现骄傲自满、走下坡路的倾向。

（二）注意提示不足的问题

优秀学生优点固然很多，但也存在着很多不足。班主任要善于发现他们的弱点，多利用交谈的机会，以提问题的方式指出他们的不足，使他们虚心接受，不断进步。

（三）注意全面发展的问题

班主任对优秀学生的教育、培养，要高标准，严要求，全面发展。

学生的德、智、体、美、劳诸多方面都要培养、锻炼、提高。书呆子型的学生不是社会主义建设事业的接班人。改革开放促使教育事业不断深入发展，这就要求特别注重对优秀学生社交能力的培养，促使学生将来成为全面发展的新型人才。

三、对后进生的表扬艺术

所谓后进生，是指那些成绩差，对自己要求不严格，经常受到批评教育，一般进步效果不明显的少部分学生。这些后进生并不意味着永远不前进，只是进步的先后早晚问题。对后进生成绩的表扬，应遵循哪些原则、途径和注意的问题，是班主任的工作艺术的重点之一，也是难点之一。

（一）对后进生表扬的原则

1. 以鼓励为主的原则

班主任的鼓励是学生进步的动力，尤其是后进生，班主任要热心地关照他们，耐心地做好他们的转化工作。缺点不是后进生所固有的，班主任要善于发现后进生的长处，善于寻找闪光点，鼓励他们进步。他们取得的成绩哪怕是点滴的，都是难能可贵的，班主任要给予及时的表扬、热情的鼓励。班主任要像严父慈母般的对待他们，同时要和他们多交朋友，使他们生活在班集体中感到温暖，给他们创造转化的环境。

2. 以引导为主的原则

进步并不是优秀学生的专利，后进生也有进步的心理要求，有时甚至也很强烈。当先进学生站在领奖台前，他们投以敬佩的目光，给以热烈的掌声，同时也以异样的心情联想到自己，有的小学生在会后竟情不自禁地跑到老师跟前说："老师，我能不能获奖？"有的还说："老师！我今后应该怎么做？"要求上进的火花在这些孩子的心灵上悄然升起。班主任在给予他们精神鼓励的同时，要给他们指出进步的方向、改正错误的措施，并做到经常检查和督促，做后进生的知心人、引路人。

3. 以促进转化为主的原则

后进与先进是相对而言的，一切事物都是发展变化的，后进生也不是固定不变的，也可以向好的方面转化。班主任对后进生的转化教育不能急躁，要像医生对待病人一样。特别要培养学生的自尊心和自信心，要做到动之以情，深于父母；晓之以理，细如雨丝。使他们的缺点得以克服，优点和长处得到更好的发挥，逐步得到转化向先进行列迈进。

4. 扬长避短、长善救失的原则

尺有所短，寸有所长。班主任对后进生的教育，要善于发现他们的长处，及时表扬、鼓励。在公开场合，尽量避免谈论后进学生的过失或不足，以减轻他们精神上的负担和压力。绝不能采取粗暴、压服的教育方式。

（二）对后进生表扬的途径和方法

1. 班会表扬

班主任对做出成绩的后进学生，可在班会上进行表扬。表扬的材料要真实、可靠，有影响力。必须使后进生感到自己也能进步，也可在全班学生面前受到表扬。这就增强了他们进步的自信心。

2. 家访表扬

班主任对后进生，要利用家访与家长互通情况，把学生在校的进步表现，及时反映给家长，使学校和家庭要求一致，鼓励学生积极进步。

3. 单项奖表扬

班主任既要善于发现后进生的长处，又要适当举办各种相应的竞赛活动，给后进生创造表现自我的机会，使他们的特长得到充分发挥，给他们某个方面的奖励，增强自尊心、激励进步。

4. 谈话表扬

班主任对有进步的后进生，利用课余、活动之余找他们谈话，以谈心的形式，对他们进行鼓励、表扬，使他们在亲切自然的气氛中找到进步的勇气、力量和方向。这种表扬，效果极佳。

5. 任职表扬

班主任对那些有突出特长、进步幅度较大，在学生中有一定威信的后进生，为了鼓励、鞭策他们，可根据班级的实际情况，让他们担任一

定的职务，促使他们克服缺点，发扬优点，在实际工作中培养和锻炼，以期待尽快进步。

（三）对后进生表扬应注意的问题

1. 寻找闪光点的问题

寻找闪光点是班主任表扬后进生促使其转化的突破口。班主任要善于寻找他们的闪光点：哪怕是美好心灵闪现的一瞬间、一刹那也要抓住不放，一攻到底。班主任要领导组织开展相应的有教育意义的活动，调动后进生的积极性，促使他们都参加到集体活动中来，在活动中表现他们，在活动中培育他们。

2. 注意避免对后进生公开分类问题

班主任表扬进步的后进生，注意避免影响其他后进生的自尊心。侧重表扬一部分，带动另一部分。不能把后进生分成进步的，没进步的；差的，最差的。要注意后进生哥们义气，避免小团体意识的形成。

3. 注意表扬的场合问题

班主任对学生表扬是严肃的事，尤其是对后进生的表扬，不要出现随意性，不能引起同学的注意，表扬效果也不佳。班主任对后进生的表扬，一定要选择恰当的场合，如班队会、总结会、家访、师生谈话等，它能引起学生的高度重视，使后进生受到鼓舞和教育。

4. 注意循序渐进的问题

学生的发展和进步是受客观因素相互影响而发挥作用的。尤其是做后进学生的思想转变工作，更要耐心细致，不能操之过急，幻想一个早晨让后进生把身上所有的毛病全部改掉，那是不客观的。有经验的班主任应该是正确引导、循序渐进，一步一步扎扎实实。

5. 注意反复的问题

班主任教育好了一个后进生并不是完事大吉、永久稳固了，有经验的班主任还要把重点放在对学生思想的巩固上，防止学生出现反复。因为对学生的教育影响是多方面的，社会的阴暗面对学生的影响是不可低估的。特别是小学生好奇心强，接受事物快，辨别能力差，往往一本黄色书刊、不健康的画报，都对孩子的心灵起到强烈的腐蚀作用。"十里长堤，毁于蚁穴"就是这个道理。这给当代青少年的思想品德教育提出新的课题：要经常抓，反复抓，抓反复。

四、对一般学生的表扬艺术

所谓一般学生是介于优秀学生与后进学生的中间层。这部分学生人数多，影响大，是班主任工作的一大方面。

(一) 对一般学生表扬的原则

1. 鼓励上进的原则

一般学生也有要求进步的心理，但不强烈。在班集体内，前有优秀学生，是老师经常表扬的尖子；后有个别学生，是老师关注批评的对象。他们表现为不前不后，观望意识较浓。有经验的班主任注意"抓两头，带中间"，突出"带"字，充分发挥班主任的主导作用。班主任要做好中间层的组织、教育工作，鼓励他们为社会主义现代化建设而努力学习奋斗；激励他们向优秀学生看齐，在树立远大理想上下功夫。

2. 普遍提高的原则

一般学生是班级的中间层次，占班级学生的大多数。一般学生素质的普遍提高，就是班集体的大幅度的进步。有经验的班主任不光注重抓典型，培养尖子，还应重视一般学生，重视大多数学生素质的普遍提高。

3. 稳定性原则

班集体是一般学生占大多数，能充分调动一般学生的积极性，班主任工作就得心应手，班级活动就好开展。班主任对取得突出成绩，为班级获奖的一般学生要给予热情的表扬，哪怕是点滴的进步，也要及时鼓励。这样才能促进班级政治思想稳定，学生情绪饱满；若对一般学生成绩的表扬，只是轻描淡写、蜻蜓点水，则会使一般学生思想浮动，造成班级整体滑坡。班主任要着眼于全局，重视对一般学生的表扬，使他们在稳定中促进步，在稳定中求发展。

(二) 对一般学生表扬的途径和方法

1. 班队会上的表扬

班主任在班队会上对一般学生进行表扬，肯定他们的成绩，鼓励他们进步。表扬一般学生，要多举实例，要有说服力、感染力，能促使其他学生共同进步。

2. 以小组表扬

班级活动多以小组形式出现，便于一般学生参与，使他们在活动中经常锻炼，得到培养。班主任表扬了小组的成绩，也等于表扬了占大多数的一般学生，有利于增强学生的集体荣誉感。

3. 谈话表扬

班主任也可以以谈话的形式对一般学生进行表扬。一般学生在班级里占大多数，会上不可能全表扬，班主任可在与学生交谈时，肯定他们的成绩，鼓励他们进步。这种表扬方式使学生感到自然、亲切，使他们并不会因为在会上没有得到表扬而消沉、低落，反而增加了求上进的信心和勇气。

五、对班集体的表扬艺术

班级是学校教育教学的基本组织形式，它在班主任的组织、领导下，开展有教育意义的各项活动，使学生在集体活动中学习文化科学知识，陶冶道德情操，树立正确的人生观和价值观，培养学生的主人翁意识和民族责任感，使每一位学生将来都成为祖国建设的栋梁之材。

（一）对班集体表扬的原则

1. 以鼓励为主的原则

班级有成绩是班主任和全体学生集体的结晶、共同努力的结果。班主任面对集体成绩，要予以充分肯定，给学生以极大的鼓励，激发学生强烈的集体荣誉感和向心力。同时给学生指出新的奋斗目标。

2. 正确估价班集体的原则

班主任要实事求是地、辩证地对待自己的班级所取得的成绩，表扬时既不夸大也不缩小。在鼓舞学生肯定成绩的同时要与兄弟班级相对照，查找存在的差距与不足。只有这样，才能做到知己知彼，减少班级工作中的盲目性，为制定班集体的奋斗目标奠定基础。

3. 增强集体荣誉感的原则

班集体是班主任经长期的组织培养所形成的集合群体，班主任要多利用时间引导学生回忆本班以往所取得的成绩，要向学生经常灌输"一人光荣一点红，全班光荣一片红"的集体主义思想，使学生深深感到生活在这个集体中是荣幸的、值得骄傲的，更增强学生为集体争做贡献的激情。

4. 增进集体凝聚力的原则

集体的凝聚力就是集体的吸引力。这种吸引力来自于班主任的表率作用，真正成为班集体的主心骨。来自于班主任对全班学生积极性的调动。表扬班干部，促使他们更热心为同学服务，成为同学的知心人。表扬优秀学生，激励他们成为班集体经常立得住的楷模。表扬一般学生和后进生，激发他们积极进取，克服不足，积极为班集体作贡献。来自于班主任为学生创造一个健康、活泼、向上的集体环境，使学生个个想着集体，人人爱着集体。

5. 培养学生竞争意识的原则

竞争是人类和自然界普遍存在着的规律。没有竞争，就没有生存，没有进步，就没有发展。班主任表扬学生，要侧重培养学生树立竞争意识，促使学生不断地探索，不断地发展，不断地进步。但要经常教育学生，竞争不是个人的争强好胜，不是小团体意识的利己主义，而是群体智慧的推动力。

（二）对班集体表扬的途径和方法

1. 班队会上的表扬

班集体在学校各项活动中取得的成绩使师生都受到鼓舞，这正是班主任对全班学生进行集体主义教育的好机会。班主任要利用班队会，对班集体进行表扬。正确估价班集体的长处，鼓励学生发扬优点，以增强学生的集体荣誉感。

2. 总结会上的表扬

班主任利用周末、月末及各项活动的总结会，对班级所取的成绩予以充分肯定，对全班学生进行表扬。表扬的材料和内容，班主任要在会前组织召开班干部会议，对班集体所取得成绩逐项加以分析，让班干部做好会议记录。班主任在对班集体成绩表扬的同时，还要为集体制定新的工作计划，提出新的奋斗目标。

3. 活动中表扬

班级集体是在活动中存在，在活动中发展的。学生也只有在活动中才能得到培养、锻炼、提高。班集体在活动中取得了成绩，班主任要及时表扬，鼓舞士气，培养学生的集体主义思想。

（三）表扬班集体应注意的问题

1. 注意培养班集体领导核心问题

班集体领导核心的建立，是学生思想稳定、朝气蓬勃、团体向上的根本保证。班主任要加强班干部的团结，教育班干部互相学习、取长补短。统一在班主任领导下，团结一致地为同学工作，为同学服务，这是建立领导核心的基础。班主任还通过表扬，在学生中树立班干部的威信，班干部受到同学的信任和在工作中得到同学的支持。

2. 注意对后进生的教育

班主任要满腔热情地关怀、帮助后进生，热情表扬他们所取得的成绩，鼓励他们进步，使后进生树立新的形象，对他们的缺点和不足，班主任要给予及时、严肃、耐心的批评教育，做到表扬、批评有机的结合。班主任对后进学生的批评，要注意场合、用语，不能刺伤后进生的自尊心，以免出现破罐子破摔现象。

3. 注意培养和树立良好班风问题

班风是班主任和全班学生共同培养和树立起来的优良作风。优良的班风是班集体最宝贵的精神财富，它的教育力量是无穷的。班主任要善于发现学生在集体活动中涌现出来的好风气，如勤奋好学、助人为乐、遵纪守法、文明礼貌。对学生所取得的突出成绩，热情表扬，及时鼓励，使良好的班风得以树立，班集体得到巩固。

4. 注意协调关系问题

班主任要注意协调班级内部的关系。要协调好班干部之间、班干部与同学之间的关系，要团结一致地在班主任领导和指导下，使班级形成统一的整体。班干部之间的关系包括班委会与中队会、班委会与团支部之间的关系。班主任表扬班集体所取得的成绩，要突出各组织间的协调和配合作用。班主任协调班干部间的关系，重点要建立在工作关系之上，为此，班主任要领导班干部和广大学生为班级制定切实可行的工作计划和奋斗目标，使班干部在统一计划指导下，协调一致，分工负责，为实现班级的奋斗目标而共同努力奋斗。班主任在表扬班集体的同时，还要协调好班干部与同学之间的关系，表扬班干部不能脱离广大同学，群众是真正的英雄，班集体成绩的取得是集体智慧和力量的结晶。班干部既是集体中的一员，又是集体的带头人。切忌不要把班干部孤立起来，甚至造成班干部与广大同学的对立。

第五章

批评的艺术

批评是班主任对学生的不恰当思想言行给予的否定的评定，以唤起他们的警觉，去努力改正自己的错误和缺点。批评是班主任对学生进行思想品德教育常用的一种方法，其根本目的是要引起学生思想的变化，使学生真正提高认识，提高觉悟，提高思想素质，变得更有道德和教养，从而少犯错误。换句话说，批评是为了不批评，为了使批评能够收到良好的效果，班主任在对学生进行批评教育之前，要弄清学生错误的事实和来龙去脉，进行符合实际的恰如其分的批评；要有耐心，允许学生申辩，并通过摆事实、讲道理帮助他们认识错误，指出改正的办法，启发他们自觉改正。与此同时，要充分估计被批评者可能做出的反应，设法防止其反应的消极方面。要从团结的愿望出发，尊重学生的人格，鼓励学生自我改正的信心。批评要取得学生集体的支持，以加强批评教育的作用。作为教师，要教育学生正确对待批评，不讳疾忌医，不因受到批评而失去上进的信心。

一、批评教育的语言艺术

作为一名班主任不仅要掌握批评的含义和目的，还必须掌握批评教育的语言艺术。同样的情绪，怀着爱心，含着理解，说出话来就是教育型的，反之，就是非教育型的。因此，班主任对学生的批评，要注意语言的运用。批评的语言艺术是指在教育过程中，运用语言来否定、抑制和纠正学生的错误行为的技巧与能力。成功的批评，能使学生心悦诚服地接受教育。

（一）要有诚恳的、与人为善的态度

班主任批评学生是为了帮助、教育学生，是为了把他们身上的各种优点和长处都充分地发挥出来，是为了调动他们身上的一切积极因素，而不是为了泄愤整人，或专在学生身上寻找缺点和错误，把学生搞得灰溜溜的。批评不是主人对仆人的训斥和责备，而是主人翁之间思想上的互相沟通、互相帮助。所以，批评时要善意，要讲究艺术，要有强烈的团结学生、教育学生的感情，即使是严厉的批评，也应达到增进团结和友谊的目的。

（二）要学习、掌握、运用语言技巧，培养自己的能力

1. 要多肯定，少否定

班主任对学生的教育应多用肯定、启发、开导的语言和语气，最好

不用或少用"不准""不行""不能""不要"。否定式语言不利于保持学生的积极性，不利于培养他们的主动精神和独立分析问题、解决问题的能力。

2. 要有理、有节、有度

批评学生时要摆事实，讲道理，入情入理，以理服人，要口气温和，态度和蔼；要平等商讨，消除对抗；要正面引导，多加勉励；要严于责己，"心理换位"；要注意分寸，留有余地。不要挖苦讽刺，乱扣帽子；不要随意责骂，造成对立；不要类比推断，乱下结论；不要无限上纲，矛盾上交；不要全盘否定，警告驱逐。

3. 因人、因事、因地而异，和风细雨，灵活多样

对于善于思考、性格内向、自尊心较强、各方面比较成熟、有一定思考接受能力的学生，宜采用发问式批评方式，有针对性地提出问题，把批评的信息传递给他们，让他们自己思考、自我觉悟、自我改正；对于情绪抑郁、反应速度慢、学习虽努力但成绩不太好的学生，则要特别耐心，严防急躁，多指出改正的方向和方法，并帮助树立改正的信心；对脾气暴躁、行为容易受情绪左右的学生，应采取冷处理、商讨式的批评方式；对积极上进、性情机敏易受感化的和盲目自大、爱耍小聪明的学生，则应多采取暗示和提醒的批评方式；对错误较严重或怀有侥幸心理的人，则应运用严峻的态度、尖锐的言词，即"触动式批评方式"。

恰当地使用批评语言，使学生乐于接受批评。有经验的班主任非常注重批评语言使用的分寸和尺度。

（1）用赞扬代替批评。

每一个学生在其学习生活的每一个阶段，必然都有不同程度的进步，也必然会出现这样那样的缺点。教师的职责就是恰当运用表扬与批评的方法，指导学生身心健康发展。然而，多数学生喜欢听表扬话，不愿听批评话，甚至一听批评就心理逆反。因此，我们在批评其不足之前，应真诚赞扬他们的进步，如果能巧妙地用赞扬其进步代替批评其不足，效果肯定更好。有这样一个学生，人很聪明，学习成绩也好，就是纪律散漫，总是迟到，老师想使他成为一个各方面优的学生，于是就经常批评他的缺点，却忽略了表扬他的长处，结果引起了他情感上的对立。多次批评之后，他毛病不但未改，反而故意违纪，最后因严格违反

校纪而受到纪律处分，学习成绩也一落千丈。这件事引起了这位老师的深思，他为自己的教育方法失当而深深内疚。后来，他改变了只是一味地就缺点批评学生的做法，效果就不大相同了。

也是在这个班，有个全校有名的差生，在班上是一伙讲义气的哥们儿的头儿。老师调查了他的全部情况后与他促膝交谈，先指出他说话算数、有能力团结伙伴等长处后，以提示的口气说："如果你不仅仅是团结那几个哥们儿，而能像在他们中那样，注意在全班同学中树立威信就好了。"结果，从那次谈话后他竟判若两人，非但不再恃强凌弱，还积极主动为班上做好事。老师抓住时机又在班上几次表扬他的进步，他也就更加检点自己的言行，后来被同学们选为班级委员。

（2）巧妙地指出"美中不足"。

一些班主任在批评学生时也先用赞扬的原则，但他们在赞扬之后却来了一个明显的转折，学生称其为"但是"后面做文章。有的学生一听"但是"二字就反感，认为老师前边的表扬是言不由衷，是批评的前奏。其结果，不但批评不会收效，前边的表扬也被学生理解为虚情假意了。

如果我们不用"但是"这一转折词，效果就可能不同。例如："你这个阶段进步较快，如果你能进一步抓好课堂听讲和课后复习两个环节，相信你的学习成绩会进步更快。"这样的间接提醒，比"但是"后面直接批评的效果更好，学生也乐于接受。

（3）将问号变成句号。

一些班主任习惯于以各种各样的问号来批评学生，诸如"你这样做有什么好处？""你知道这么做的严重后果吗？"等等。这种带问号的批评常常使学生窘迫不堪，只能咬着嘴唇像接受审判那样对待批评。这种批评是教师镇住学生的绝好武器，但却不大为学生所接受。当它出现时，被批评的学生就会本能地产生防御心理：小心上钩。

我们来看这样一个例子：这是一起科任老师和学生的冲突，两个学生在课堂上互抢帽子，老师点了一个学生的名："你为啥不听讲还捣乱？"学生："他抢我帽子。""他为什么只抢你的帽子？"学生无话可答，只好反诘："你为啥只批评我？"结果，批评教育形成僵局。

对于这个问题，班主任可以这样处理："我了解你不是有意破坏纪律的，可如果你能克制自己，不与科任老师争吵，也不会有这样的结果。你看，现在老师认为你强词夺理，同学们也抱怨你搞得大家都学习不成，你看怎样收场好呢？”

班主任老师没有像科任老师那样责备学生，而是注意在批评语言上下功夫，使那位同学在这段谈话中感到了老师对他的尊重和信任，于是他就自觉自愿地找那位科任老师承认了错误。

我们听一个老师批评学生，往往能从一个侧面看出老师的教育思想和水平，甚至能看出他的师德和文化素养。

二、批评教育的方法

批评是通过对不正确的思想与不良行为的评判、揭露，从而引起人们警觉和制止错误的一种强化教育的手段。在班级管理中，班主任不可能不运用批评这一教育手段，使犯错误的学生能够改正错误，更快地进步。但并非所有的批评教育都能达到这样的效果。有些教师由于批评方式运用不当，不仅收不到应有的教育效果，反而造成学生的抗拒心理，甚至给整个班级带来不良影响。成功的批评教育要讲究科学和艺术。

（一）批评要准确

教师对学生的批评教育，第一位重要的就是掌握准确的事实，做到实事求是。不准确或无根据的批评是正确批评的大忌，在这方面容易出现如下几方面的问题：

一是对问题或错误的责任掌握不准。有的教师一旦发现学生犯了错误，就不分青红皂白地狠狠批评，“有理三扁担”“无理扁担三”，特别是对差生，一出问题首先怀疑他们。据了解，差生对老师最不满的就在于此。

二是对问题或错误的性质、影响等情况掌握不准。学生中存在的问题和所犯的错误，并不是像一碗清水一样，能一眼看透的。只有掌握准确并进行定性、定量的分析后，才能进行正确恰当的批评。否则批评过重，言过其实，给人以小题大做、乱扣帽子之感；批评过轻，对学生的心灵触及不够，不足以使其认识到错误的危害。这都不利于学生接受教训、改正错误。

三是对发生错误的过程及细微末节掌握不准。例如，批评时张冠李

107

戴，有的"不到位"，有的"越位"。

四是对犯错误同学当时的心理状态和他们的一贯表现等情况掌握不准。从一个具体的错误来分析，是有意还是无意，是偶然表现不好还是一贯表现不好。这些情况掌握不准，批评将是无的放矢，且有就事论事的简单化倾向。只有准确地批评，学生才能心悦诚服，才有利于他们改正错误而向好的方面转化。

（二）批评要入情、入理、入心

所谓"入情"，就是批评应具有情感性，以情感人。班主任对学生的批评应建立在对学生关心和爱护的基础上。批评应始终遵循爱的原则，应是教师对学生的和风细雨般的"雕琢"。在批评方式上切忌简单粗暴，而应以平等的态度，以关怀、爱护的口气，诚心诚意地帮助学生，引导学生平心静气地认识自己的言行错误，进而鼓起勇气改正错误。

所谓"入理"，就是批评应该讲理，以理服人，而不是以势压人。通过摆事实、讲道理，使学生心服口服。

所谓"入心"，就是要注意师生心理的协调。人的心理因年龄、性别、知识素养、环境等不同而异。教师在批评前，要注意考究当时当事人的心理状态如何。有经验的班主任对犯错误的学生进行批评时，总要先给学生一段认真反思的时间，在学生具备一定的心理基础时，再有针对性地进行教育。如果学生正处于极端苦闷的时候，你对他进行批评教育，肯定不会有什么好结果。

批评，不仅要合道理，还应该合情理、合心理，做到入情、入理、入心，学生才能接受。情是"人心换人心"，理则是"以理服人心"；情是为教育疏通渠道，理则是教育的根据和教育的目的。

感情是说理的基础，没有感情的理是高调，任何批评离开了情感的润滑作用，硬邦邦的讲理，往往讲不通。只有感情沟通，才能疏通说理的渠道；缺乏情感的地方，理智与文明都将不能自由地发展。

理是感情的升华，任何感情都离不开理的支配，没有理的情是私情。一味迁就感情，从自己的好恶出发，批评教育就失去了意义。

以情感人，以理服人，都要适合当时师生的心理状况，注意两者的协调。由此可见，正确的批评，应做到寓理于情，念情论理，以心交心，以心换心。

（三）选择合适的批评方式

常用的批评方式主要有：

1. 渐进式批评

批评要有层次，逐步深入，而不是一股脑儿把批评的信息全部抛出。这种批评方式对自尊心较强的学生非常适宜。学生在学习、生活和纪律方面偶有差错，如果当众批评，而且用语尖锐，就会使被批评的学生一时下不了台而产生对立情绪。因此，用渐进式批评方式，可使其逐步接受批评，不至于一下子"谈崩"。

2. 启发式批评

以暗示为主要手段，用提醒、启示或提问之类的语言与被批评的学生谈话，也可以用微笑、眼神、动作提醒学生，以示批评。比如学生上学迟到几分钟，或上课时偶尔望了一下窗外，这时，老师对着微微一笑，或做一个手势，他就会意识到自己的不对。还可以用"沉默"的方式，对学生进行批评。例如，上课时有些学生思想开小差，老师可微露不悦并沉默不语，突然中断讲课一分钟左右，就会给学生造成一种心理压抑，领悟到老师内心的不满和责备，便立即警觉起来，思想也就集中起来了。这比大发雷霆好得多，能收到"此时无声胜有声"的效果。这种批评方式对善于思考、性格内向、思维机敏、疑虑心理较重的学生更为适用。

3. 商讨式批评

这是一种较为缓和的批评方式，班主任可用商讨问题的态度，把批评的信息传递给被批评者。这种批评方式的特点是，发现学生的不良表现后，不是以居高临下的姿态去训斥他，而是以平等的态度，心平气和地与之商讨不良表现的不良后果以及改正的办法。譬如初夏来临，学生听课容易疲倦，打瞌睡的现象时有发生，发现学生打瞌睡时，老师可把他轻轻地摇醒，待下课以后（课堂上不宜花过多时间批评学生）再与之谈话："是我的课讲得不好提不起你听课的兴致，还是你昨晚睡得不好以致今天精神不振呢？"如此，则学生既能为自己没有认真听课而感到惭愧，又能感受到老师的谦和和诚恳。

这种方式适用于反应快，脾气暴躁，否定性心理表现明显，行为常被情绪所左右的学生。以商讨的口吻，平心静气地交换意见，改变被批评者可能存在的对立情绪。这样即使是个"炮筒脾气"的学生，也能抑制自己。

4. 及时式批评

批评要及时的批评，不要老是在事后的批评。有些学生自我防卫心理强，不肯轻易承认自己的过错，常常在事后矢口否认或搪塞掩饰，对这样的学生要注意当时、当场进行批评，用刚刚或正在发生的事实，冲破批评者的心理防线。

5. 对比式批评

借助他人、他事的客观形象，运用对比，烘托出批评的内容，使被批评者感到客观上的某种压力，认识到自己的缺点和错误。这种批评，可适用于经历较浅、自我觉悟和自我意识稍差、理智感较弱、易受感化的学生。

6. 表扬性批评

表扬与批评是对立统一的，是互相转化的。所谓表扬性批评就是通过表扬的手段达到批评的目的，其中也含有暗示批评、间接批评和预防性批评的意思。

表扬性批评可以通过对某一同学自身优点的表扬来暗示批评他本身的其他错误。如通过对某同学有正义感、乐于助人等优点的表扬来暗示他曾有过与人打架的错误，以制止他这一错误的发展。表扬性批评也可以通过对一个后进小团体中个别人优点的表扬来批评其他人的错误，如表扬某同学关心集体荣誉、为班级争光的事迹，暗示批评其他人不关心集体的错误行为。表扬性批评还可以巧妙地指出"美中不足"来进行批评。

表扬性批评的运用，可以让学生在愉悦的心境中接受正面教育，进一步感受老师与集体的温暖，逐步实现缺点和错误的转化。

7. 严厉性批评

如果学生严重地违反了规章制度，破坏了学校纪律，而且并非初犯，老师就必须对他进行具有说服力的严厉批评，决不能姑息迁就。但是必须注意，采用这种方式时，批评的内容一定要准确集中，切忌目标不明；批评的语言一定要清楚明了，斩钉截铁，说一不二，切忌含糊其辞；批评的态度一定要严，可怒发冲冠，但又要诚恳端正，切忌威胁鄙夷，伤害学生的自尊心和人格。

选择什么方式对学生进行批评，这要根据批评的目的，学生错误的性质、大小、程度、影响以及学生的个性特点等来确定。

（四）教师的制怒与动怒

见到不良倾向和错误行为，人就要产生怒气，围绕怒气就产生了制怒和动怒的问题。是引而不发、强压怒火，还是怒气冲天、大发雷霆？这都与批评艺术有关。因此研究制怒与动怒的问题也是对批评艺术的探讨。

不良倾向和错误行为使人产生愤怒的心理倾向是自然的、正常的。但是这种愤怒的心情如何表达，要看错误的性质、大小和其影响的程度才能确定。另外，也要充分考虑犯错误学生的承受能力和接受批评的水平以及一般学生的认识水平。什么情况下动怒呢？通常在错误性质非常严重或带有严重不良倾向的时候。如一些学生不顾学校的三令五申，到没有救护设施的水库中洗澡；再譬如一个学生借故约校外人员到校内滋事打架等。面对这样的错误，不动怒反而会使学生感到不理解。在这里，怒可以使学生们认识到错误的严重程度和严重后果，怒可以使学生们的心受到更加猛烈的震颤，怒可以使学生更好地接受教训和改正错误。当然，动怒不是大声咆哮，更不是泼妇骂街，而是态度十分严厉，是一种愤怒心情下的理智表现。动怒应当沿着下降线发展，不可不加控制。大怒之后，施以平心静气的谆谆教诲，可以使学生在震惊之后仔细品味老师的批评，这样的动怒才能取得好的效果。什么情况下要制怒呢？犯错误的学生一时难以接受老师的批评，大部分学生一时也难于理解教师对问题的处理时要制怒；遇到一些不马上解决也不至于导致不利后果的错误也要制怒。

制怒的目的一是有利于搞清事实的真相和原尾；二是可以避免造成新的冲突，或因冲突的升级而使矛盾激化；三是可以稳定情绪，对问题做冷处理，使犯错误的学生有时间冷静地认识错误。到这时，再进行批评就容易收到好的效果。

（五）训斥、伤害、株连式批评是正确批评的大敌

从批评的目的来说，批评是使学生纠正错误、接受教训，从批评的

关系来说，教师对学生的批评是上级对下级的批评；又由于目前学校的"批评效应"引起的不良反应，即学生普遍感到受批评就是挨老师的"刮"，所以教师对学生的批评往往易滑入训斥、伤害、甚至株连式批评的误区之中。

训斥式批评是教师单方面训斥，学生处于被告的位置，似乎是接受宣判。

伤害式批评是教师采用讽刺、挖苦的语言，个别的甚至用辱骂性语言伤害学生的人格和自尊心。

株连式批评分为两种：一种是针对个别学生，教师因学生有错误，举一反三，株连到该学生过去的错误，即揭老底、算总账；再一种就是株连一片，错误出自一人，但批评却捎带着"这一帮""那一伙"。教师虽想震慑一片，却"打击一大片"，反而孤立了自己。没错误而挨批的人心中不服，犯错误的人却感到有人"陪斗"心中不慌。这样的批评只能产生负效应。

训斥、伤害、株连式批评有损教师的形象，影响批评的效果，会严重挫伤学生弃旧图新的上进心。

（六）批评的转化

当教师的批评向着集体批评的方向转化和学生接受批评向着自我批评的方向转化时，"批评"这一教育手段才进入到最完善的境界，才能发挥它的最佳效果。

批评与接受批评虽然是主客体完全不同的行为，但又有着一致性，即目的一致性。也就是说，教师的批评与学生接受批评的根本利益是一致的，这是批评实现转化的基本条件。

教师的批评虽然是教师个人的行为，但他是从正确的原则出发，站在维护集体利益的立场上，也是站在维护被批评者根本利益的立场上进行的教育行为。批评的艺术就在于教师在进行批评时，能够把这种立场渗透进去，让被批评者明显感到集体的力量。只有在这时，教师批评学生个人的行为才能转化为集体的舆论，产生集体批评、集体教育的力量。这正如苏霍姆林斯基所说：犯了错误而又得到同学们原谅的学生，总是力争不辜负集体的信任。集体的宽恕是比教师的惩罚更加有力百倍的教育手段。

学生通过正确的批评教育，提高其自己的主体意识、自尊意识和自重评价的能力，对自己的过失产生深深的内疚、羞愧和自责。只有这时，他才能下定决心，真正接受教训，改正错误，把道德规范的要求、文明的修养和正确的思想内化为自我健康成长的要求。这样，教师的批评才真正产生预期的效果。

（七）让学生自己先碰碰钉子然后批评教育

学生多是根据自己的阅历，站在自己的位置上去考虑问题，因此常对老师提出的要求不理解，总是采取某种办法加以抵制。对此，适当地调换角色，让学生自己去试一试，碰碰钉子，然后进行教育，可以收到好的效果。例如，有个班有的学生喜欢夸夸其谈，学习不刻苦，纪律也不太遵守。班主任多次批评，多次讲做学问应扎扎实实的道理也收益甚微。为了解决问题，班主任带学生参观杨贵妃墓，指导他们研究杨贵妃墓的诗碑。回校后他们又围绕杨玉环这个历史人物夸夸其谈起来。见此情形，这位班主任灵机一动，决定让学生自己组织研讨会，讨论造成杨贵妃悲剧的原因。会议由学习委员主持，班主任和应邀而来的校长坐在一旁静听。他们的讨论当然深不下去，校长在发言时当场给他们泼了一桶冷水，说他们的意见"太浅薄"，"由于知识面所限，还不能讨论这个问题"。学生们一个个愣住了，校长走后竟好一会儿无人说话。班主任抓住这一时机，在对他们的热情做了肯定后指出："要真正说服人，必须占有大量的材料并对材料作出严密的推理与分析。而这一点，恰恰是你们所缺少的。不怪校长批评你们，如果你们在对大量史料作了扎实细致的研究之后再谈看法，校长恐怕就会是另一种态度了。"

从那之后，这个班的学风有了显著变化。一个学生告诉班主任：那次讨论之后，他认识到"自己知识的贫乏"，"浅薄是知识贫乏的后果"，由此而激发了刻苦学习的动力。由此可见，让学生自己去试一试，碰一碰钉子，帮助他们分析得失，启发他们自己教育自己，远比老师要求他们"要这样，不要那样"的效果要好得多。

（八）用自己的过失、教训启示学生

有时直接批评学生，不如老师以自己为镜子教育学生的效果好。比如对中学生早恋问题，有些班主任常常是声色俱厉地禁止，或以停课、处分相威胁，殊不知这样做不但达不到教育的目的，反而会引起学生的对抗心理。与这些老师不同，有一位班主任从来不讲"禁止谈恋爱"之类的话，他想，学生早恋，是他们处于青春萌动期而又不善于控制自己的表现，单凭硬性禁止是不行的。我们是过来人，何不以自己年轻时的感受和教训去劝诫他们呢？于是，每当这位班主任发现学生有早恋苗头时，不是批评，而是先赞扬他们之间纯真的友谊，赞扬他（她）的对方的优点，然后再谈起自己中学时代同学之间的友谊和恋爱情况，告诉他们：男女同学间建立友谊没有错，但切不可谈情说爱，影响学习，也决不能像我们中学时代那样蠢，错把友情当爱情，弄得丧魂落魄。这样，学生都乐于接受班主任指导，也乐于向班主任讲出他们心里话并中止他们的恋爱关系。

（九）自己给学生做出样子

从心理学的角度看，被批评者最爱以批评者的言行去观察批评者，如果发现批评者违背自己的言行，他们就会自然地去抵制批评。作为班主任，如果只是"说而不做"，那学生是不会服气的。

有个班主任发现本班清洁区内有堆垃圾，就让班上一个学生去打扫。那学生说："今天没轮到我值日。"老师说："我知道，但我现在派你去。"学生心里有想法，边干活边嘀咕，那位老师听了非常生气，就批评那个学生态度不好，结果师生二人顶撞起来。这事一直闹到学校领导那里才结束。这件事表面上看是教师胜利了，实际上是失败了。因为他根本没有达到教育的目的。

而另一位班主任每次遇到这类情况，不是批评或指派学生去做，而是自己动手。学生们一见老师亲自动手，都不好意思地跑过来帮忙。几次之后，班上的卫生工作根本就不用班主任再去操心，每天都有学生自觉地把教室打扫得干干净净。在学校有记录的几次卫生检查中，这个班连续8次获先进，被评为卫生先进班。

"身教胜于言教"，当老师批评学生的时候，首先要考虑自己是否为学生做出了榜样。

（十）做好批评后的"五防"

批评是一种不可缺少的教育手段，它不是教育的终了而是教育的开始。为了有效地达到教育目的，批评后班主任必须做出更深入、更细致的思想工作，特别要注意"五防"：

一防学生情绪低沉。批评，不论你采用何种形式，总是一种否定的评价，总是刺激学生的心灵。有的学生批评后情绪低落，萎靡不振。遇到这种情况教师应细心观察学生的表情和生活习惯，发现异常情况应及时主动采取措施。如个别谈心，以明了事实，晓之利害，以疏通思想，求得师生之间的信任。若因批评时言辞过激、态度粗暴，教师主动做自我批评，开诚布公，态度诚恳方能情感交融，或抓住时机，发现学生身上的点滴"闪光点"，恰当地予以表扬，来振奋其精神。

二防学生疏远。学生受批评后往往与教师有一个疏远期。好似伤口一样，让其自然愈合时间较长，倒不如主动去接近关心被批评的学生，伤口的愈合期就会缩短。

三防重复批评学生。批评学生决不能没完没了地"婆婆嘴"，今天批评，明天批评，大事批评，小事批评，弄得学生无所适从，甚至产生"横下一条心"跟老师闹对立的情绪。

四防撒手不管。学生毕竟是学生，自控能力较差，很可能做出些是非不分的错事，这些正需要我们班主任给以热情帮助，悉心关怀，决不能认为该生"不可教也"而撒手不管，放任自流。

五防操之过急。学生犯错误有一个过程，改正缺点和错误同样需要有一个过程。因此，做学生的思想工作决不能谈一次话，交一次心，开一次会就了事，务必循循善诱，抓反复，反复抓，春风化雨方能使其茁壮成长。

表扬与批评要注意的问题

一、实事求是，公正合理

表扬与批评必须在切实调查事实的基础上，做到公正合理，切忌在事实没有弄清的情况下表扬或批评学生。教师应该深入调查事实，不要只见表面现象不见实质，只看后果不看动机。如果任意扩大优点的范围，不掌握分寸，对表扬者不仅不起积极教育作用，还会诱发学生的虚荣心，其他学生也会反感。如果未弄清事实，就去武断地进行批评，也会引起被批评者的不服和反感，降低教师的威信。

二、一碗水端平，不偏爱偏信

在表扬时不要只想好学生，批评时眼睛只盯着后进生，更不能从个人的好恶出发，对自己喜欢的学生的缺点错误原谅庇护，对他们反映的情况过于相信，对与自己感情疏远的学生的缺点错误挑剔憎恶，对他们提出的意见不理不睬。

三、以发展的观点看学生，不用老眼光看人

教师不能用孤立静止的观点看发展变化中的学生，特别是对于后进生，要善于发现他们的"闪光点"，还要考虑到他们的起点，不要和优秀生同样要求。对于优秀生也要善于发现他的缺点错误，哪怕是很小的思想苗头，也要予以批评纠正，防止它蔓延扩大。

四、注意学生的个性特点，切忌千人一律

对不同年龄阶段不同个性特点的学生的表扬与批评，在内容、方式和标准上，应有所不同。有的要公开批评，有的宜于个别批评，有的要严厉批评，有的则宜于暗示或旁敲侧击。

五、创造适当的情境和气氛

表扬时要满怀激情，创造适当的情境和气氛，使学生的情感产生共鸣，使被表扬的形象更加高大、深刻，从而形成一种强大的动员力量。批评时同样要创造适当的情境，说理深刻，发人深思，使被批评者和其他学生感到震惊，深深信服。如果轻描淡写地表扬，泛泛地批评，使人感到不痛不痒，久而久之还会养成疲沓的作风。

六、忌机械套用、褒贬极端

表扬与批评，有时需要运用教育机智，该表扬时不一定表扬，该批评时也不一定批评。例如高傲自大的学生有优点不一定表扬，感情脆弱的学生犯了错误不一定当众批评。有时为了考察和消除学生的虚荣心，或为了核对事实真相，见到好事也不表扬，有时为了给犯错误的学生一个面子，也暂不揭穿其错误。

表扬与批评不能绝对化，褒贬要有度，不走极端。表扬一个学生时，好像他是一个完人，把他捧上了天；批评一个学生时，似乎他一无是处。前者使人骄傲自大，忘乎所以，后者使人悲观消极，泯灭自尊心。因此，表扬时要指出不足之处，明确其努力的目标，批评要使其正确看待自己，鼓起努力向上的勇气。

班主任了解学生的艺术

关于班主任工作的原则和方法，《中学班主任工作暂行规定》中明确提出："调查研究、全面了解学生。要从学生特点和思想实际出发，进行工作和教育活动。讲究思想教育工作的科学性、针对性、实效性。"实践证明，班主任只有在正确的思想指导下，经常地、及时地、全面地了解学生、研究学生，才能全面教育、管理、指导学生，使学生德、智、体、美、劳得以全面发展。只有这样，班主任在学生全面健康的成长中，才真正起到了导师的作用。

人们普遍认为班主任全面了解、研究学生是必要的。但对如何才能正确地了解、认识学生，还存在一些模糊思想，有的认为了解学生主要是摸清楚班上几个"调皮捣蛋鬼"的情况，抓住了典型，说话就有事实根据，批评就有说服力，班主任工作就会卓有成效；有的认为班主任天天与学生打交道，十分熟悉和了解学生，这是一项极平常而又简单的事情，不需讲究方法与艺术；有的则认为班主任很难发现问题，每每走进教室，学生规规矩矩的，认真学习，平安无事，等等。为统一认识，我们很有必要对班主任了解、研究学生这一问题作认真的探讨。

一、了解学生的目的和意义

所谓全面地了解、研究学生，其了解、研究的对象应该是全班学生。了解学生的目的，在于全面地、完整地、准确地认识每个学生，根据教育目的、教育原则，紧密地结合学生的实际情况，加强和改善对学生的教育影响，努力造就一批符合社会主义事业需要的建设者和接班人。

班级学生情况复杂，他们具有不同的天赋、理智、情感、意志以及各种独特的品质，因此，班主任不但要了解、研究学生中的骨干，也要了解、研究一般学生；不但要了解、研究各方面表现好的学生，也要了解、研究某一方面表现差的学生，尤其是犯过错误的后进生。总之，班主任要了解、研究各种类型、各种特点的学生，而不是仅仅对付几个调皮捣蛋的学生，也不是抓典型，抓学生的"把柄"，或者只求班上"平安无事"而已。事实上，在班级教育过程中，班主任既要按照国家制定的统一要求来培养、教育，又要根据学生的个性特点，因材施教，使每个受教育者的个性都得到充分发展。实现这一目标的前提就是对学生的全面了解。我国古代教育家孔子之所以能做到因材施教，就是由于他熟悉了解他的学生，对学生的特点了如指掌。

班主任为了完成教育学生、造就人才的任务，必须从了解学生开始。俄罗斯教育家乌申斯基说："如果教育家希望从一切方面去教育人，那么就必须首先从一切方面去了解人。"了解和研究学生不是目的，目的在于有效地教育学生，也就是为了育人，把了解研究学生与教育学生紧密地结合起来，做到在了解研究学生的过程中教育学生，在教育学生的过程中进一步了解和研究学生。班主任的工作对象不是任何自然材料，而是朝气蓬勃、不断发展变化又各具特点的青少年。面对这些千差万别的学生，教育时就不能一概而论，只有十分熟悉、了解学生，准确地分析学生，才能从班级学生的实际情况与特点出发，加以正确的疏导，进行不同层次、不同方位、有的放矢的教育，从而收到事半功倍的效果。魏书生曾说过："种庄稼，首先要知道各种作物的生长发育的特点，才能适时适地施肥浇水；治病要了解每个病人的具体病情，才能对症下药；教师必须了解每个学生的特点，方能选择确定教育的方法、措施。"这样，班主任工作才具有科学性、预见性、针对性和实效性。相反，一位班主任如果对自己的班级与学生情况不明，或若明若暗，或不甚了解，想当然等，盲目地对学生实施教育，就会事倍功半，或者事与愿违，屡遭挫折，导致班主任工作的失败。因此，班主任必须切实做到经常、及时、全面、准确地了解、研究学生，这项工作具有十分重要的意义。

1. 全面了解、研究学生，是班主任拟订计划和实施计划的前提

班级计划是使班主任工作制度化、科学化、条理化的保证，也是落

实学校教育目的任务的有力保证。因此，一个班级必须有一份周密可行的计划，使各项工作统筹安排、序列分明。而周密的班级工作计划产生的前提，则是班级实际情况。心理学研究揭示，只有那些伸出手来够不到，但使劲跳起来才能抓到的目标，才具有激励作用。班主任只有充分、全面地了解、研究学生，才能从班级的实际情况出发，从学生身心发展规律出发，将学校的各种任务分项具体化地落实到班级。只有这样，才能使工作计划有针对性、有科学性，让每位学生都能找到适合自己的目标，充分发挥自己的潜在能量，为实现目标而不断努力，从而极好地激发每位学生的积极性，在班级上也才会产生强大的推动力和凝聚力，使纷繁复杂的班级工作有条不紊、层层展开，逐渐形成班级和班级工作的特色以及优良班风与健康成长的优化环境。

2. 及时了解、研究学生，可以防微杜渐，创造或捕捉教育的最佳时机

及时地了解、研究学生，是指必须尽快地对全班学生的基本情况有一个了解和分析。如学年、新学期伊始，由于众多因素的影响，学生身上会出现不良倾向与现象，班主任就应留心观察，及时地发现问题，尽早地摸清与掌握有关情况，然后进行认真分析，从中发现苗头，捕捉征兆，加以正确的引导，把一些消极的因素杜绝在萌芽状态，及时消除心理上、生活中的"污染源"，消除潜在的不良因素，防微杜渐。尤其发生重大事件时，更是刻不容缓，更应及时、全面地分析问题，掌握工作的主动权，采取行之有效的措施，控制势态，以避免造成严重后果。魏书生曾说："教育治的是心病，心病是个难于诊断和认识的病。而要治好心病，第一步当然是认识心，知道心，即育人先知人。"在班级管理中，要想正确地引导、教育每位学生，班主任必须用心去观察，去发现，去捕捉，并勤于思考，准确地把握学生的个性特点，选择科学的教育方法和措施，抓住教育的契机，因势利导，对症下药，各种问题就会迎刃而解，从而收到"掷地有声"的教育效果。

3. 了解、研究学生的过程是建立良好师生关系的过程

从一定意义上讲，班主任的工作过程就是在教育、教学、劳动和社会实践等活动中与学生密切交往的过程，班主任工作目标的实施也是在与学生交往中实现的。因此，班主任与学生之间应建立一种新型的师生关系，这是建立良好、坚强的班集体的关键，是搞好班级工作的基础。

为此，班主任必须深入到学生中去，与学生一起学习、劳动、工作和生活，走进学生的心里世界，摸清学生的思想脉搏，帮助解决各种实际问题，达到心与心的交融，以此建立"同呼吸、共命运、心连心"的师生感情。同时，班主任还需要在不断了解学生的前提下，进而理解学生，体验学生在刻苦学习中取得成功的喜悦，或遇到各种难以解决的问题的苦恼和挫折，了解与理解学生在成长过程中的各种需求或迷惑等，即充分地体验学生的喜怒哀乐，并给予亲切的关怀、帮助和指导，这犹如春风化雨般催他们成长。总之，班主任经常地与学生接触交往，"回归"学生，这样对学生的情感体验就会更为深刻与真切，教育学生就能一语破的，而且恰如其分，学生就会由衷地敬佩班主任，在此基础上，师生双方就能够建立一种融洽、密切的良师益友般的关系，从而每位学生信赖班主任，愿意向班主任敞开自己的心扉，倾吐肺腑之言；班主任就能更准确地了解学生，从而为做好班级工作架起一座通畅而又稳固的桥梁。

4. 了解学生的过程也是班主任自我完善的过程

前苏联教育家加里宁指出："教师的世界观、他的品行、他的生活、他对每一现象的态度都这样或那样地影响着全体学生。这点往往是觉察不出来的，但还不止于此，可以大胆地说，如果教师很有威信，那么这个教师的影响就会在某些学生身上永远留下痕迹。"由此可见，班主任对学生产生的影响最具体、最直接、最深刻。因此，班主任要不断地完善自己，提高自己，要意识到自己也是个发展中的个体，经常严格地剖析自己，要求自己，努力提高自己作为教师的心理成熟度；同时，也让自己的一举一动经常处于严格的监督之中，以不断改进工作，增强创新精神；班主任在全面了解、研究学生的过程中，要善于去寻找、去发现学生身上美好的东西，即闪光点，以此激励学生进取，而这不仅仅是培养学生健康发展的基础，也是班主任接受教育、汲取新鲜营养的好机会。此外，班主任还应实事求是地了解和分析学生身上的弱点，找出其原因，因势利导，循循善诱，从而使教育工作具有针对性。班主任在了解学生过程中，会不断正视自己在学生心目中的形象，不断反省自己，向学生学习，促进自己努力提高作为教师所需求的德、识、才、学方面的素质。在这些大量细致的教育工作中，班主任也锻炼了自己的能力，积累丰富了自己的工作经验，少走弯路，使工作尽善尽美。因此，了解与研究学生也是班主任自我提高、自我完善的过程。

综上所述，班主任调查了解学生情况，为分析研究学生情况打下了基础；分析研究学生情况，又为教育学生、解决教育中各种矛盾打下了基础。"知己知彼，百战不殆。"教育工作的成功，完全建立在对学生的深入、全面了解的基础上。

二、了解学生的内容

了解和研究班级是班主任工作的第一项内容，也是贯穿于班主任工作全过程的一项内容。班主任了解学生的内容应该是多方面的，既有广度，又有不同的深度；有必须了解、研究的最基本内容，又有需要不断加深了解、研究的深层次的内容。概括而言，了解和研究学生，包括个人和集体两个方面。把了解学生个人与了解学生集体结合起来，做到既见树木，又见森林。这样，班主任就可以多方位、多层次地了解学生，了解得更为深透。

1. 对班级整体情况的了解

班级是学生从进校到毕业期间最基本的归属组织，是他们在此期间成长发展的基本环境。班级像一种无形的模具，引导着学生自我塑造。班主任应该从班级整体角度去了解分析，以建立起整体性的认识。《中学德育大纲》指出："班级是进行德育的基层单位。班主任工作是进行日常思想品德教育和指导学生健康成长的重要途径。班主任要根据《大纲》内容的要求，结合本班的实际，有计划地开展教育活动，要加强逐级管理，组织和建设班级集体，做好个别教育工作，形成良好的班风。"俗话说："近朱者赤，近墨者黑。"良好的班集体对班级成员具有激励作用。班主任要全面、及时了解班级各方面情况，然后进行正确的诱导，从而培育出一个对全体学生有巨大教育影响作用的良好集体，让每位学生对班集体产生自豪感、荣誉感，自觉地维护班集体的荣誉，健康地成长。

对班集体的了解，主要包括以下几个方面：

（1）班级学生的基本情况。

班级学生的基本情况主要包括：学生总人数、姓名、性别、年龄、男女生人数比例；学生的民族、来源情况；学生家庭成员职业与文化程度、物质条件、住房条件、平均生活费用、家庭住址，学生家庭结构情况，如复杂型家庭、一般型家庭和特殊型家庭的比例；学生在家庭里的排行和地位等等。这样，可以使班主任更多地了解学生成长的家庭因素，班主任工作就会具有一定的预见性和针对性。

（2）班级学生的发展情况。

班级学生的发展情况主要包括思想品德、行为习惯等，可根据学生的表现分为不同层次，并了解各层次呈现出的特点；了解学业状况，如学习目的、学习态度、学习风气、学习方法、智商水平、优势与弱点、各科成绩、平均成绩等。在此基础上，遵循教育规律，循循善诱，因材施教，培养学生勤学苦练、独立思考、刻苦钻研、持之以恒、虚心求教等良好的学习习惯；了解健康状况，如身高、视力、身体素质等；了解班级内基本健康的、有各种疾病的、有残疾的学生的比例，针对学生的身体状况与个体差异，积极创造条件，使之不断增强体质；了解团员人数、团支部思想状况和工作状况，使之充分发挥先锋模范作用；了解学生的综合表现，优秀、中等和后进人数所占比例、表现特点及原因等，从而有效地发挥班级的主流与榜样作用，以此来带动后进学生，提高工作效率；了解学生的心理健康状况，如学生存在的紧张、忧郁、焦虑、恐惧、消沉、狂躁等心理障碍，并认真分析形成原因，采取行之有效的方法，消除他们种种心理障碍，培养健康的心理素质。

（3）班级集体发展的状况。

这主要包括了解班级目标实现情况，不断地修订奋斗目标和提出新目标，以形成集体前进的强大动力；了解班级干部队伍状况以及学生自己管理班级情况，目的在于积极扶植、培养和教育班级干部，培养学生的自理、自治、自主能力；了解班级中人际关系状况、自然群体及其对班级影响的情况，及时协调好各方面的关系，消除不利于学生成长的各种因素；了解班级的规章制度建立和执行情况，逐渐地培养学生较强的自我约束力；了解班级的集体荣誉感、班级的凝聚力状况，培养学生强烈的集体观念，形成互帮互学、关心集体、团结融洽的班风，建立一个富有战斗力的集体。同时，通过积极向上的班集体来教育、勉励学生不断进取。

2. 了解学生个人的情况

（1）了解学生个人情况的内容。

①了解学生成长的家庭因素。

生长在不同家庭的学生，由于受到家庭环境、家庭经济条件及其家庭成员的影响，其行为习惯、生活作风都不相同。良好的家庭环境、优良的作风，就会对孩子产生积极的影响，使他们茁壮成长；否则，就会对孩子产生消极的影响。家长有良好的思想品德，孩子的思想也往往很高尚；家长言行不正，潜移默化，孩子必定受到不好的影响。班主任了解学生的家庭因素包括多方面：了解学生的家庭结构；家庭各成员的素质情况，尤其是对学生起主导作用的家庭成员的思想和态度；了解父母的职业、经济状况，他们对子女的期望和教养方式；了解学生在家庭中的地位、居住和学习环境、表现与习惯等等。

②了解学生的思想动态。

小学生、初中生尚未成熟，比较单纯、幼稚，他们每做一件事都能通过一定的形式表现出来。了解学生的思想情况，包括学生对国家大事的兴趣和认识；对劳动、社会活动、社会工作的参与程度；与人相处的态度，如尊重、礼貌、诚实等方面的表现；在公共场所的文明行为等。这样，班主任就能够随时掌握学生的思想动态，注视到学生的行为动向，分析其中的不良因素，有侧重地进行专题教育，防患于未然。

③了解学生的学习状况。

每位学生的学业成绩不尽相同，即使是同一位学生，各科也不一定均衡发展，要全面提高教学质量，使每位学生都学有所得，班主任必须对全班学生的学业情况进行全面了解。了解的内容包括：每位学生的学习动机与学习目的是否正确；学习每门课程的兴趣如何；学习态度是否端正；是否严格遵守学习纪律；学习方法是否得当等。在摸清每位学生的学习状况后，应做大量的疏通、引导工作，让他们端正学习态度，明确学习目的，培养浓厚的学习兴趣，从而全面地提高教学质量。

④了解学生的个性特点。

每个学生由于先天素质、社会物质生活条件、教育及个人的社会实践、主观努力的不同，在个性特点上都存在着一定的差异。个性是学生情况中最重要、也最能反映学生心理健康状况的指标。因此，班主任就要对每个学生的个性特点进行全面了解，真正地走进中学生的群体里，看到他们那色彩斑斓的个性特点，这主要包括：a. 个性倾向性，如需要、动机、兴趣、信念、世界观等。这是个体进行活动的基本动力，是个性结构中最活跃的因素。其中世界观居于最高层次，决定一个人总的思想倾向和行动方向。b. 个性心理特征，如能力、气质、性格等，是个体身上表现出来的经常的、相对稳定的心理特点，个性的心理结构是多侧面、多层次的复杂的体系。班级就像一支训练有素的乐队，在班主任的指挥下，各人用自己的乐器吹奏出一支以青春活力为主旋律的中学生协奏曲，这个协奏曲展现了一个五光十色的中学生个性心理世界。班主任不能盲目采用简单的教育方法，否则不仅达不到教育目的，甚至还会使学生产生抵触思想和逆反心理，需要科学地认识学生、分析学生的个性心理面貌，把握他们变化的特点和趋向。做到知人善教，"一把钥匙开一把锁"，达到理想的教育效果。

⑤了解学生的交往情况。

现代社会要求人们具有广泛的社交能力，善于主动地与他人建立良好的协作关系，当今不少国家把培养学生的社交能力列为重要的教育课题。但是，青少年在生活目的、道德信念、思想觉悟等方面还没有完全形成稳定的看法，人生观和世界观还没有完全确立，处于"染于苍则苍，染于黄则黄"的阶段，可塑性极大，在交往过程中所接触的人和事对其品行影响也很大。因此，班主任既要注重培养学生的社交能力，还要了解学生的社交情况，如星期天、节假日及闲暇时喜欢与哪些人接触、往来，他们的品行如何；交往的内容属于学习、谈心、恋爱、鉴赏、运动、休闲、互助、抽烟、吃喝等的哪一方面。班主任要尽早发现与品行不良的人交往的学生，将思想工作做在前，将学生引入正轨，避免异常事情发生。总之，要针对学生的交往特点，做好引导与教育工作。

⑥了解学生的工作能力情况。

学生在班级集体生活中进行着社会角色的学习，班主任要帮助学生适应社会，培养他们较强的工作能力。为此，班主任要了解学生是否具有主动精神，认识问题、分析问题、解决问题的能力如何，领导、决策、组织、指挥、协调等能力怎样等等。根据社会的需求、青少年的心理特点及班级组织的功能，有意识地培养学生的组织管理能力和社会活动能力，让每位学生通过积极参与班级的组织管理活动，自觉地锻炼、成长，努力使自己成为有理想、有知识、有能力，符合社会需求的建设人才。

⑦了解学生的兴趣爱好。

兴趣在儿童的成长和发展中起很大的作用，既能激发他们的求知欲，又能开阔他们的眼界，丰富他们的生活内容，促进个性的发展，还能促使他们进行创造性的学习和劳动。学生表现出的兴趣爱好是广泛的，有的喜欢文学，善于用语言表达思想；有的喜欢绘画、唱歌、舞蹈，具有艺术创作的才能；有的喜欢数学；有的对制作模型、玩具有兴趣；有的擅长体育；有的喜爱集体活动，有较高的组织才能等。这些兴趣爱好经过科学的有效的培养，就可能取得一定成就。但学生有些兴趣如爱钓鱼、玩鸟、玩电子游戏、打麻将等，对学习没有丝毫益处，反而会分散学习精力，影响学业成绩。因此，班主任要全面了解学生的兴趣爱好，研究构成这些兴趣的因素，并分析这些兴趣是积极的还是消极的，结合学生的身心发展特点，积极引导，培养他们高尚的情趣，促进各方面健康发展。

总之，了解学生是一个长期的过程，了解的方面也应是广泛的，不仅涉及课内课外，而且涉及校内校外；不仅要了解现在，而且要了解过去与未来。教师对学生之所以必须有如此既广又深的了解、研究，是因为这些内容是确定教育措施的重要根据，是实现教育目的的根本前提。

（2）了解学生应遵循的原则。

班主任在了解和研究班级、学生时应遵循以下原则：

①教育性原则。

了解是为了教育，了解是为了发展，了解今天是为了明天的美好，在了解中获得了学生、班级各方面内容与信息之后，要进行科学分析，目的是采取正确的教育方法，做到指导得法，教育有效，而不能把了解的目的放在"分类""贴标签"上，这样做会极大地挫伤学生的自尊心，陷入教育的误区，这也是教育工作的大忌。

②动态性原则。

学生的身心处于不断变化发展之中，班级的各种情况也不是一成不变的。因此，班主任要根据学生的年龄特点、个性差异和环境变化等情况，来动态地研究和分析所掌握的材料，采取一切从实际出发、实事求是的态度，研究在新情况下学生接受教育的新特点和新动向，以发展的观点去研究每个学生的问题，由此，教育工作就会有的放矢，更具有针对性。

③理智性原则。

人们常把自己"是否喜欢"作为认识和选择事物的重要标准，以至出现"爱屋及乌"的现象，班主任在了解与研究学生时，也常自觉不自觉地表现出这种倾向，这就使班主任了解研究工作染上了感情色彩。因此，班主任在了解工作中应运用理智性原则，全面、辩证、客观地了解事实，分析占有的材料，作出公正的评价，切不可感情用事。

三、了解学生的艺术。

1. 善于捕捉了解学生良机的艺术

了解和研究学生既要冷静沉着，也要果断及时把握恰当的时机。种地要不违农时，打仗要不误战机。班主任了解和研究学生，有时会出现一些良好的时机，如果不及时抓住良机，它就会同流星一样稍纵即逝。例如找学生谈话，当学生思想的闸门已经打开，心悱悱，口愤愤，欲说不行，欲罢不能之时，班主任应及时鼓励学生倾吐心声，说出真情。千万不能在启发诱导机会成熟之时，又去换话题绕弯子，而失去了解和研究学生的有利时机。

2. 巧妙接近学生的艺术

要了解和研究学生，就要接近学生。接近学生的方式有下面几种：

（1）交友式接近。

采取交朋友的方式进行调查。毛泽东同志说过："怎样使对方说真话，各个人的特点不同，因此，所采取的方法也各不相同，但是，主要的一点是要和群众做朋友，而不去做侦探，使人家讨厌。"采取交朋友的方式接近学生，从体贴关怀、联络感情入手，建立在相互信任、尊重、了解的基础之上，这时调查的效果是最好的。但是一般来说，学生大都不敢奢望和老师交朋友，班主任应有意识让学生消除疑惧，以平等的身份同他们交朋友，这对于了解学生的真实情况是再好不过的。

（2）求同式接近。

班主任在与学生接近过程中，应努力寻找与学生的共同点，从而获得共同语言。比如相似的经历可以引起对往事的共同回忆，共同的兴趣爱好寻求志同道合，还可以双方熟悉的人和事为桥梁进行结识和交谈。有了共同语言，就有了联系和接近的媒介，就可以为开展调查铺垫基础。

（3）自然式接近。

在轻松和谐的气氛中，在不引人注意的情况下接近。这种方式有利于消除学生的戒备心理，首先给学生随和、平易近人的印象。这种方式可以使师生在无所拘束的情境中输出和输入信息。如果郑重其事，反倒使学生产生不必要的紧张心理。班主任经常生活在学生中间，有时无意碰到，课间休息同去某处都可了解调查学生。说者无心，听者有意，将会获得意想不到的收获。

（4）直接式接近。

就是在调查开始时，开门见山，"打开窗子说亮话"，直截了当地说明用意和调查主题，不试探摸索，不转弯抹角。这种方式容易引起双方共鸣，马上博得学生的支持和信任。但是，它建立在彼此有一定的了解，能够掌握学生特点和调查实质的基础上。否则，贸然运用这种方式，也可能出现僵持局面。

（5）迂回式接近。

就是班主任不直接谈及调查内容，而又使学生接受其调查的接触方式。这种方式好比爬山登峰，如果山坡太陡，险峻莫测，爬不上去，索性盘山而行，迂回而行，也可以到达顶点。这种接近方式多用于同经常犯错误的学生，或怀疑犯了错误的学生接近。这种方式比较难掌握，一般只在特殊情况下才运用。如果盲目乱用，就可能造成一些不必要的误会。

3. 有效访谈艺术

班主任向学生谈话、提问，是取得可靠思想信息的关键环节。当面谈话，能够听话听音，察颜观色，随时把握学生的情绪变化。其谈话艺术有：

（1）了解对方，寻找心灵窗口。

"新教育……在深知儿童身心发展之程序，而择中适当之方法以助之。如农学家之于植物焉，干则灌溉之，弱则支持之，畏寒则置之温室，需食者资以肥料，好光则复以有色之玻璃；其间种类之别，多寡之量，皆几经实验之结果，而后选定之；且随时试验，随时改良，决不敢挟成见以从事焉。"了解对方包括两方面内容，一是了解对方的表现和性格特点，根据情况，发话提问。如果学生性格外向，就要避免直接冲突；如果学生内向，就要防止伤害压抑；如果学生表现后进，就要防止自卑心理的产生。二是要尽可能了解学生的一般特点，如喜欢什么，追求什么，反感什么，忌讳什么，以及对什么敏感等，都要有所了解，谈话发问，要能打开对方的心扉，引起共鸣。

（2）语气亲切，态度平易近人。

谈话问话要言之有物，结合实际，具体明确，容易把握要领。言之无物，抽象空洞，学生则摸不着头脑，无从谈起；模棱两可，含混不清，学生则捉摸不定。老师言之有物，学生才能言无不尽。

（3）注意启迪，用心广开言路。

谈话发问，要有启导之功，启发思考，导出真情，切不能乱发禁言，堵塞言路。对于不敢说，不愿说，不直说等种种情况，要能有效解决，开启言路。

（4）循序渐进，注重问话程序。

认识有一个由浅入深、由表及里的过程，谈话要遵循这一程序。要理清思路，严密安排。一般说来，提问谈话要由易到难，由近及远，由具体到一般，循序渐进，步步深入。如果东一榔头西一棒子，谈话颠三倒四，不仅不能形成调查中心，而且很难深入下去。

（5）体察情绪，保持和蔼气氛。

谈话发问，要随时体察对方的情绪，根据对方喜怒哀乐表现掌握谈话的内容和语调。学生很痛苦或很恼怒时，教师则要控制自己；学生很不耐烦，则不要穷问不止；学生余言未尽，则应耐心听完，要尽可能使调查在祥和的气氛中进行。

4. 咫尺书信，倾吐心声的艺术

有时候，一个班看起来风平浪静，然而却潜伏着不安定因素；一个学生表面上高高兴兴，然而内心深处却隐含着焦虑和不安。这就有待于班主任去了解，去发现，去解决。了解学生除了平时多和学生谈心，多做深入细致的思想工作外，还可以采用师生间通信的办法来加深相互了解，密切师生感情。可在每学期末放假前的两三天，鼓励学生向老师写一封倾吐心曲的信，内容不限。可对教师提出批评和建议，对班级的某件事情发表自己的看法，也可以向教师诉说自己的苦恼，畅谈理想和希望……通过这些信，教师可及时了解学生的思想状况，进而把握学生的思想脉搏，有的放矢地进行教育。这种了解学生的方式，一要掌握契机，二要认真阅读，慎重处理。有些问题，教师也可以给学生写信。如毛蓓蕾老师班里一个纪律较差的学生上体育课吃瓜子，体育老师很恼火，向毛老师述说，要求严加处理。毛老师想，这个问题怎样处理呢？经过反复考虑，决定以信的形式解决问题，于是就在学生作业本里加了一张纸条，上面写道："你今天在体育课上的表现，出乎我的意料，使我很痛心。"这位学生将纸条一看，"出乎意料"，原来毛老师一直对我的看法好，"很痛心"，可见使老师失望，原来老师是对我抱以希望的。想来想去，这位学生一夜难眠，写了一份深刻的检讨，大清早便悄悄地塞入体育老师的门缝里。寥寥几语，解决了复杂的问题。开展通信活动，既可以让学生及时地、不受任何拘束地向老师反映自己的情况，倾吐心里话，又可以准确地反馈老师对学生的态度，从而加深师生间的感情，提高工作效率。

5. 设身处地，洞察学生内心世界的艺术

德国诗人海涅说得好：每个人都是一个世界，这个世界是随他而生，随他而灭。对于教师来说，一个学生就是一个十分丰富、十分复杂的世界，每个学生的心灵深处都有一根琴弦，教师要想真正拨动这根心弦，就必须设身处地，从学生的外在表现探知学生的内心世界。

如，一个学生上课注意力不集中，思想开小差，应该分析是由于听懂了闲着没事干，还是由于听不懂失去了信心；是由于身体不舒服，还是由于精神上有负担；是由于讨厌这个集体和教师，还是想惹人注意。都要一一摸清实情，才便于把思想教育工作做到点子上。

被班主任找去谈话的学生，其心理状态也不同，有的同学要猜测教师谈话的目的，是表扬还是批评，是了解情况还是布置任务。学生很注意观察班主任的语言和态度。教师在和犯错误的学生谈话时，他们容易产生戒心，不正面回答教师的问题，以推说不知来搪塞和防备老师。偶犯错误又还未认识错误的学生，认为教师找他谈话是有意整自己而产生对立情绪。学生因故激情爆发，在火气正旺时，教师找他谈话，他往往在教师身上发泄情绪。有的学生因为目的没有达到，需要没有满足，就认为教师解决不了实际问题而对教师抱轻视的态度，在教师找去谈话时，不正眼相看，不愿回答提出的问题，采取敷衍态度，想及早结束谈话。

师生谈话时，学生轻松地笑了，往往表示同意或感兴趣，学生眼神与教师对视或凝视教师，往往是由于被吸引到谈话的内容上来了，并接受了教师的意见；学生身体前倾表示注意听老师谈话和接近老师；学生身体后仰和侧身表示消极和对话题不感兴趣；学生挺胸昂首，表示傲慢，低头表示沮丧，懒洋洋表示满不在乎和不感兴趣。班主任要善于窥视学生的内心世界，引发感情共鸣，设身处地分担学生的忧虑、苦恼与喜悦。

6. 以诚换心，寻找希望与需要"焦点"的艺术

处于个体内部生理与心理剧变阶段的青少年儿童，成长在社会变革的时代，决定了他们的内心世界是一个多矛盾的统一体，不同类型的学生在认识社会、考虑人生、投入人际交往、参加学习活动与情感生活中，存在着纷繁复杂的思想矛盾。因此，班主任要有探幽索微的能力，及时关注学生内心世界的变化，不断发现学生内心世界的奥秘，并寻找出教育要求与学生精神需求的焦点，班级工作才会富有魅力，充满朝气。如果教师不了解学生的动机，教育就难以奏效。有的学生把打架误以为勇敢，把庇护同学错误和考场上的互相抄袭误以为是友谊等。教师不改变学生的错误认识，其错误行为就会持续下去。如果教师的教育不被学生看成是自己增长智慧、塑造品德的需要，而简单看成是学生服从老师的强制要求，就很难改变学生的错误认识和行为。班主任要以诚换心，找准学生与教师共同的兴奋点和结合点，帮助学生从"现有发展水平"向"最近发展区"过渡。教师热爱学生是种子，学生尊敬老师是花朵，而学生的进步和成长则是最后的果实。班主任只有进入学生角色，才能知学生心，晓学生事，排学生忧，解学生难，培育学生健康成长。

7. 摸透学生心事，迂回解决问题的艺术

班主任除了课堂、课外了解学生的行动和情绪外，还要特别注意每

一个学生的思想变化和突出表现，摸透学生的心事。武汉市著名的小学模范班主任章德意老师班上有个叫小云的同学，她平时天真活泼，爱学习、爱劳动、爱集体，但有段时间，章老师发现她上课不用心听讲，作业完不成，常常愁眉苦脸，阴云满面。开始章老师以为是她家庭生活困难，年迈的外祖父对他们兄妹俩照顾不好，得不到家庭温暖，使她发愁。因此章老师对小云倍加关心，可是小云仍愁云不散。这是什么原因呢？经过章老师多次走访和谈心，小云终于对章老师说了心里话："我爱尿床，哥哥常取笑我，如果同学和邻居知道了，都会笑话我，我怕丑，我有这种病，读书再好也没用，我的苦恼又不敢对别人说。"章老师了解小云的心事后，想到小云是个自尊心很强的孩子，如何做到既不伤害她的自尊心，又解除她思想的顾虑，让她愿意到医院去治疗呢？章老师采取因势利导的方法，先给小云讲述治好这种病的事例，解除她思想上的顾虑，增强她治病的信心。其次说明尿床是生理上的病态，而不是丑事的道理，保护她的自尊心。再次教育她的哥哥不要取笑她，要关心和爱护她。经过细心工作，小云的疙瘩解开了，又活跃起来，积极参加活动，勤奋学习，关心集体，担任了班级宣传委员。可见，迂回解决问题比直接解决问题更有效。

谈话的艺术

班主任是班级的组织者与领导者。开展班级工作，了解学生的思想动态，处理学生存在的问题，对学生进行全面的教育，班主任经常运用的方法是谈话。班主任的谈话艺术是保证谈话取得良好效果的重要条件，因此，班主任谈话艺术的研究，对提高班主任的工作质量，促进学生的全面发展，有着重要的现实意义。

班主任主持班级工作，必须与学生广泛接触，达到水乳交融的程度。学生愿意向班主任吐露心声，反映班级的真实情况，班主任才可以掌握同学们的心理脉搏，使班级工作保持正向运动。为此目的，要求班主任全面、及时、深入、细致地了解学生，其中包括学习、生活、劳动、娱乐、交往等各个方面。要了解学生、掌握学生的有关信息，建立和谐的师生关系，最简便的途径和最有效的方法就是同学生进行多种形式的谈话。不管是集体的、个体的，正式的和非正式的，成功的或者失败的，都能给班主任提供某些信息。甚至连学生谈话时的表情、神态、举止也都包含着某种信息。

了解了有关学生的信息，其中必有一些需要班主任出面解决的思想问题，而要妥善解决学生的思想问题，最有效的方法还是谈话。问题是否能妥善解决，学生是否口服心服，是否能唤起学生进取的欲望，这取决于班主任的谈话艺术。一般说，普遍性的思想问题，可以通过集体谈话教育、解决；个别性的思想问题，在正式场合下不能妥善解决，或不适宜在正式场合下用集体谈话的形式解决的，就要用个别谈话的方式去解决。针对问题的不同性质和学生的不同特点，一把钥匙开一把锁。集体谈话，可以针对某个典型问题，同时教育全班学生。个别谈话，因人而异，可以照顾学生的个别差异，充分体现因人施教的原则，保证谈话的有效性。

班主任不管是获取学生的信息，还是解决学生的思想问题，谈话都是一种简便、灵活、有效的方法，这种方法方式简单自然，具有随机性。内容不受时间、空间限制，可以根据需要灵活进行。谈话对环境条件要求不那么严格，事先准备工作也不需太复杂。有些谈话可以反复进行，或与家长配合。这种方法可适用于不同年龄、不同个性的学生，便于班主任制造一个和谐、平静的气氛，让师生表达真实思想，促进感情交流和融合，加速学生思想转化，提高学生认识水平。

总之，班主任的谈话在其整个工作过程中起着极为重要的作用。班主任的谈话艺术是一个值得研究的重要课题。

这里所讲的谈话艺术，是专指班主任通过口头语言艺术，直接与学生交谈，交流思想信息，摆事实，讲道理，情理相融，疏通思想，入情入理地提高学生思想认识，培养他们良好品德和个性以及促进班级工作开展的一种教育方法，它不同于人们日常生活交往中的谈话。

谈话一般可分集体谈话（包括几个人以上的部分学生和全班学生谈话）和个别谈话。

（一）集体谈话艺术

集体谈话一般多是从学生普遍存在的问题和学生共同关心的问题以及对集体有教育的问题中选择谈话的主题。有一位班主任选择了学生感兴趣的有教育意义的"美"的问题，并针对学生对"美"的看法存在的问题进行了集体谈话。他先在黑板上写了一个大字"美"，说明今天谈谈什么是美和怎样才能使自己真正美的问题。首先问学生："你们爱美吗？"学生活跃起来了。老师说："我就爱美，我常常希望以美的形象出现在你们面前，服装整洁大方，言谈举止文明有修养，做一个受你们尊敬的老师。你们说，一个学生怎样打扮自己才是真美呢？"接着这位班主任有理有据生动形象地谈了上述两个问题，很受学生欢迎。这位班主任谈话的主题就选得好。

集体谈话，根据班主任运用谈话进行教育学生的实践，主要有两种模式：一为班主任主讲式谈话；二是师生民主平等式对话。

1. 班主任主讲式的谈话艺术

这种谈话最常见的有伦理道德谈话、表扬性谈话、批评性谈话等。

（1）伦理道德谈话艺术。

①伦理道德谈话的含义。

一般说，有关马列主义基本原理、世界观、人生观、政治经济、思想道德方面需要系统阐明观点或哲理性较强的内容，宜采用以班主任主讲式的集体谈话。

班主任在班会上或利用其他时间，对学生进行政治思想和伦理道德谈话（往往以讲述、讲解、讲演、报告等方式进行）是保证学生正确的政治方向、形成道德认识、解决思想问题，激励他们不断进步的不可缺少的常用的集体教育方法。然而有些班主任没有用好这种方法，不讲究谈话艺术，往往是长篇累牍地空讲大道理，不考虑青少年学生特点，不尊重学生，多是我讲你听、不切合学生实际的硬行灌输，往往是华而不实的"假大空"的空洞说教，缺乏说服力，以致收效不大。我们必须改进这种不受学生欢迎的伦理道德谈话，讲究谈话艺术，提高谈话效果，充分发挥伦理道德谈话的集体教育作用。

②伦理道德谈话的方式。

伦理道德谈话内容是多方面的，谈话对象也是不同的，因此，就要针对不同内容和对象采用多种多样的摆事实，讲道理，以理服人，以情感人的谈话艺术的不同方式，以达到真正提高学生认识和解决思想问题的目的。

总结班主任伦理道德谈话艺术实践经验，主要有以下几种行之有效的方式：

第一，层层分析推理式。有一位班主任在谈人生价值问题时，先从具体感性认识引入分析说：据科学家计算，一个人身上的脂肪，只能加工成7块肥皂，所有铁质，只能制成一根2寸长的铁钉。这些总共值多少钱？所以人的价值，主要在于创造，为社会多作贡献。只有那些对社会不断作出贡献的人，才能在人类历史中体现出真正的价值。要创造，先决条件是必须有知识，但是一个学生，光有知识还是不够的，还要有正确的人生追求。同是诺贝尔奖金获得者，物理学家伦纳德·斯塔尼，用自己的知识为法西斯服务，而爱因斯坦却为人类进步事业尽力，前者为人唾骂，后者受人称赞。所以，人生的价值在于奉献。我们学生应以爱因斯坦为榜样，努力学习本领，为社会多作贡献，才能真正实现自己的人生价值，受到人们的尊敬。学生听了这段话非常信服。

第二，情景式。如一位班主任在进行发扬爱国主义精神的谈话时，先放"血染的风采"这首激动人心的歌曲，一边降低音量放，一边饱含深厚的感情，朗诵方志敏同志的《可爱的中国》中的篇章，接着讲述一位模范军烈属老妈妈把儿子送到前线，儿子牺牲又把女儿送去的动人故事。此时，学生无比激动，老师关上录音机，进一步情真意切地讲述了如何发扬爱国主义精神问题。谈话结束时，放歌曲《我的中国心》，学生情不自禁地齐声合唱"我的中国心"。这样情景说理融合的谈话，使学生受到了深刻的爱国主义精神教育，效果很好。

第三，启发引导式。一位班主任在进行爱惜时间的谈话时，先向学生提出"你昨天是如何支配时间的"问题，接着引导学生计算：昨天（除去学习、文体活动、自我服务、睡眠等正当时间）浪费了多少时间？一周浪费了多少时间？一年浪费了多少时间？如果这样下去，今后再活60年~70年的话，你总共浪费了多久时间？等于少活了多少年？如果充分有效地利用时间，你实际等于多活了多少年？然后叫学生把自己算出的结果向大家介绍。在此基础上，教师有理有据地深刻地阐述了"一寸光阴一寸金，寸金难买寸光阴""时间就是生命""做时间的主人""惜时守时是一种美德"等问题，使学生受到极大的震动和教育。课后，学生纷纷自觉地制订分配时间计划。

第四，对比式。一位班主任在针对学生错误认识——"似乎只要实行资本主义制度，就能富裕"的问题，曾运用数据（典型事实）进行对比：当代资本主义国家中，发达的只有 20 多个，世界上最穷的 41 个国家都是实行的资本主义制度，而一些社会主义国家，却并不是最穷的国家。又说：我国收入最高的 20% 城镇居民与收入最低的 20% 的居民相比，收入比为 2.5∶1；而美国最富的 20% 的富翁占有国民财富的 76%，最穷的 20% 的人口只占有国民财富的 0.2%，贫富悬殊 380 倍。我国如果照搬美国的制度，势必加速加大两极分化，将会有 5 亿人无法解决温饱问题。所以，自然得出结论：那种认为只要实行资本主义制度，就会都富裕的看法是不符合实际的，是一种似是而非的错误认识。只有走中国式的社会主义道路，才会尽可能地缩小两极分化和贫富差距，使大家逐步走上共同富裕的道路。很有说服力。

第五，故事式。选择具有科学性、典型性、趣味性、现实性、针对性的故事（或典型事例）说明道理，效果很好。如一位班主任针对学生对体育锻炼不感兴趣的情况，曾对全班学生进行了集体谈话：一天，我坐在电车上，看见挤上了一位白发苍苍的老公公，一问岁数，已是 83 岁高龄。乘客赶紧让坐，谁知老公公不坐，回头忙喊道："妈，你过来坐。"人群中又挤过来一位老太太，有人问："你妈多大了？"老公公道："今年 105 岁。"顿时车厢轰动起来。又有人问："你们坐车到哪里去？"老太太说："去我孙子家，他今年 60 岁刚退休，大家去聚聚。"此时，全车上人都笑了。乘客问："你们一家子怎么都那么长寿呀？"这时，班主任有意识地问学生："你们猜猜看，老人怎样回答？"同学活跃起来，争着发言："他们家人命长""他们吃得好""他们坚持体育锻炼"……班主任接着说：对啊，他们家人都会武术，天天到公园打拳舞剑。在此基础上，讲解了生命在于运动，坚持体育锻炼的好处。教育学生从小应像他们一样养成坚持体育锻炼的习惯，才能身体好，将来才能为国家多作贡献。从此，这个班发生了变化，后来成为体育活动先进集体。

第六，科学实验谈话式。如一位班主任，为了让学生懂得要学习好必须专心致志、目的明确的道理，先指导学生做了一个心理测验。她准备了两块小黑板，每块上都写了 20 个互不相干、分量相当的词语。她先亮出一块，对学生说：请你们用一分钟时间看看。然后，扣过黑板，要求学生立即将这20个字默写下来，结果没有几个写得下来。接着，她又亮出第二块黑板，对学生提出明确要求：仔细看一分钟后进行默写，结果能写出15个以上的占90%多。何以产生这样不同的效果呢？她告诉学生，这就是心理学上讲的"有意记忆"和"无意记忆"的不同。接着又有理有据地阐述了要真正学习好，必须目的明确，专心致志，变"无意"学习为"有意"学习。否则，无目的地心不在焉地学习，是绝不可能取得好成绩的。班主任这次谈话学生口服心服，取得良好的效果。

③伦理道德谈话注意事项。

首先，要对所讲的观点、道理有真切理解和坚定信念。即对所谈的问题要真正搞懂搞通搞透彻，有真情实感，达到坚信不移的程度，相信自己用以说服学生的理是真理。只有自己真通真信，讲起来，才会理直气壮，声声有力，句句在理，情真意切，才能感染和说服学生，相信老师讲的理是对的。否则，就会出现照本宣科，或言不由衷，或"假大空"，或不能自圆其说，或没有真情实感等语言无力无情无信的现象，当然就难能说服学生了。

其次，要针对性强，讲真话、实话。一是选题要针对性强，即谈话主题和内容要选择学生中存在的疑难问题和他们普遍关心的有趣的热点问题，如人生价值、美与丑、纪律与自由、民主与法律、社会主义制度究竟比不比资本主义制度优越、马列主义是否过时、社会主义市场经济，等等。因为选择这类问题可以满足学生内在的求知欲望的需要，可以引起他们的兴趣。外因通过内因起作用，调动他们学习的自觉性和积极性，才能收到良好教育效果。二是谈话过程中，要联系社会实际问题和学生思想认识问题针对性地谈话，讲真话、实话，要言之成理，谈得有据，对成绩不夸大，对问题不回避，实际情况怎样就说成怎样，实事求是，推心置腹，开诚布公，实实在在，人心所服，乃是事实。所以，只有讲真话、实话，才能体现出真理和力量，才能言重如山，取信于学生，才有教育意义，才会受学生欢迎。如果班主任不了解学生思想脉搏，抓不住疑难点和热点问题及问题症结所在，谈话中不接触实际，无的放矢，教条式地谈一些笼而统之的大话、空话、假话和套话，或文过饰非，既说服不了学生，还往往产生不良后果，引起学生反感情绪，造成他们的逆反心理。

再次，要切实改进谈话方法。谈话要有观点有材料，两者必须统一，要用正确观点统率材料，引用实际材料必须能说明观点，事例不在多，而在典型和恰当，说理不在话长，而在深入浅出，分析深刻精辟透彻，有说服力。而且要求讲得概念明确，重点突出，条理清楚，逻辑性强，使学生听懂听明白，留下深刻印象。谈话的深度和广度适合学生年龄特征和认识水平，宜从具体到抽象，要选择他们熟悉的人物、事迹、事例去说明道理，防止空洞说教和成人化。谈话中还要注意学生反应采取反馈措施，不断调整适合他们的内容和方式，集中学生注意力，引导他们的思维跟着教师谈话进程发展，达到讲者和听者的思想交融。伦理道德谈话，不仅要做到以理服人，还要做到以情感人，感情真挚，使学生感动，真正做到通情达理，情真理切，情理交融，思想共鸣，才能收到入情入理入耳入脑入行的效果。

第四，要讲究语言表达。要尽可能运用接近学生生活的语言，避免成人腔调，说话要清楚明白，表达准确，而不要词不达意，意思模糊，产生歧义；要说普通话，简练明确，一听就懂，而不要说那些南腔北调、方言土语、啰啰唆唆、拉拉杂杂、哼哼哈哈等语言；谈话要生动形象有趣，可以适当运用成语、谚语以及比喻、对偶、排比等修辞方法，以增强语言的吸引力和表现力，而不要干巴巴几条筋，套话连篇，空洞无物；还要注意语调和频率，谈话要抑扬顿挫、快慢适度，以调节学生听讲的注意力；谈话还要有真情实感，富有感情色彩，感染学生，产生感情交流和共鸣；还要辅之以体态语言，以必要的手势、面部表情、眼神配合谈话，以加强语言的情感性和力量。

（2）表扬性谈话艺术。

①表扬性谈话的含义。

在德育过程中，表扬是班主任对学生思想行为所作出的积极性评价，是对学生良好思想行为的肯定，是一种积极的强化手段，是引导鼓励学生思想品德向好的方面发展的有效方法。

表扬有口头表扬和书面表扬，有个别表扬和当众表扬。这里讲的是班主任面对集体的当众口头表扬，即研究如何进行集体性表扬的谈话艺术。

②表扬性谈话的方式。

班主任面对集体进行表扬性谈话通常有以下几种主要方式：

一是因果式，即在表扬结果——表扬学生良好思想行为或先进事迹基础上，接着分析学生思想动机——分析导致良好思想行为的高尚思想精神，以提高学生的思想认识水平和道德水平。

二是褒中有贬式，即在肯定被表扬学生的主要优点和先进事迹之后，自然地适当地指出其不足，并指出努力方向，这样对学生会产生更大的激励教育作用。

三是表扬集体式，是指班主任对全班学生或部分学生共同努力取得的成绩或做出的好事进行表扬，以培养学生集体荣誉感。

四是不点名的表扬现象式，是指对学生做好事尚未搞清是谁的情况下，但须及时表扬，这时可以表扬现象而不提名，以激励同学们做好事不图扬名的良好思想品质的发扬，但最终班主任还是应调查清楚的。

五是对比式，即主要在表扬好人好事的同时，适当指出班级某些不良现象，既激励表扬好的同学，也鞭策某些有缺点毛病的同学，促进全班学生共同进步。

③表扬性谈话注意事项。

首先，表扬要实事求是，恰如其分。表扬要符合学生的良好思想行为实际表现，要有具体事实，使学生感到确实应该表扬，不能空泛无物，表扬失实或言过其实，夸奖过分，随意拔高，更不能凭感情、拉关系，不该表扬的表扬了。否则，会引起学生反感，得不到应有的教育作用。

其次，表扬要着眼于学生的长处，不要求全责备。古语云："金无足赤，人无完人。"所以，不要因为学生有某些缺点，而不表扬他的某种突出的良好思想行为，也不要笼统表扬整个人，因为表扬人不是评价人，而是表扬他特定的良好思想行为。所以，好学生只要表现出好的思想行为就应予以表扬；后进学生有了某种进步或良好思想行为，也应及时表扬，以激励全班学生在原有基础上不断进步。

再次，集体表扬要适当，不能滥用。过于频繁滥用的表扬，往往会使学生失去光荣感，反而失去教育意义。表扬是手段不是目的，表扬的目的是激励学生提高思想认识，培养良好思想道德行为。因此，表扬一定要考虑教育效果。为此，须注意如下几点：一是注意受表扬的某些学生的某些实际表现要比班里一般同学突出一些，付出努力多一些，使学生感到，表扬要经过一定努力才能获得。二是注意每个学生本身的前后发展变化，如在原有基础上有了明显进步，就要及时予以肯定，以示鼓励。三是表扬时要伴随着一定的说理教育，分析说明为什么表扬的道理和良好思想行为相联系的高尚思想精神。如一位班主任当众表扬一个后进学生的进步时分析说：某某学生怕上课迟到，怕影响班集体荣誉，怕耽误上课，就翻墙进了学校。他过去翻过墙，今天又翻了墙，都是错误的，但这不是简单的重复错误。他过去是为了逃避上课向外翻，今天是为了按时上课向里翻，应看到这中间有进步。听了老师的分析，同学们觉得有道理，对这位学生有了正确看法，而这个同学也为老师正确理解他而获得争取进步的力量。

第四，表扬的态度要诚恳热情，发自内心。"情动于中而形于言。"从热诚的心灵中流出的语言，才能发挥语言的激励作用。因此，表扬时要充满热情而不要冷淡无情，要情真意切，而不要言不由衷，语言要亲切中肯，而不要冷淡模糊，要催人激奋，而不要干瘪无力。

（3）批评性谈话艺术。

①批评性谈话的含义。

批评是教育者对学生思想行为所做出的消极性评价，是对学生不良思想行为的否定，是一种消极的强化手段，是通过指责学生不良思想行为，使他们情绪受到一种羞愧、内疚、自责的体验而抑制原有的行为，从而制止不良行为。所以，批评是制止和纠正学生不良思想行为的有效方法。

批评有口头批评和书面批评，有个别批评和当众批评。这里讲的是班主任当众口头批评，即研究如何进行集体性批评的谈话艺术。

②批评性谈话的方式。

总结班主任集体批评谈话经验，有以下几种常见的方式：

一是分析式，即在批评学生不良思想行为的基础上，客观地分析其错误的原因、危害性，并提出纠正的主要措施或建议，以提高学生的思想认识，增强改正缺点错误的自觉性或内驱力。

二是贬中有褒式，即在批评学生缺点错误的同时，指出他们的某种优点和长处，而不是一概否定，把学生说得一无是处，使学生全面地正确地认识自己和看待别人，以激励他们的上进心。

三是批评集体式，即通过批评集体再由集体制止纠正某个学生的缺点错误，如马卡连柯在《教育诗》中通过批评教育分队集体去批评教育彼得连柯的故事（经验），就是批评集体式的方式。

四是不点名式，这一方式针对某些不宜点名批评的学生，只泛泛批评班集体中某种或某些不良思想行为现象，实际上是暗指某个或某些学生的不良思想行为，使某个或某些有类似不良思想行为的学生感到是批评自己的，而使其他学生只知道是某些不良现象，而不必知道批评某个或某些具体同学，以达到警戒教育全班学生的目的。

五是"理义之怒"式，即对那些爆发的严重的不良思想行为，班主任态度严肃地愤慨地予以怒言斥责，并伴之以说理教育，而不是简单地严厉训斥和辱骂，也不是不讲道理地发脾气或"发火"，而是一种愤怒激情状态下理智地用激烈愤慨的语言摆事实讲道理进行批评教育的一种方式。古语云："气血之怒不可有，理义之怒不可无。"就是说为个人义气发怒是不可取的，但为真理大义而动怒却是不可少的，所以对班主任批评学生，不能笼统否定"理义之怒"批评谈话方式。实践证明，"理义之怒"批评谈话是有效的，是不可缺少的批评方式。班主任面对学生严重的不良思想行为，脸色愤怒，仪态威严冷峻，感情激烈，性情激动，措辞严厉，语调高昂，不同于正常状态下慢条斯理的批评，而是抓住要害，一针见血，怒中寓理，训中有导，情理并重，使学生心灵震颤，思之有理，具有很强的刺激性和威慑力，如同一剂有强效的药物，用之得当，往往收到立竿见影的良好效果。但如用之过当，单纯严厉训斥和辱骂，不结合说理，也可以伤害学生。因此，班主任要善于用理智对怒言予以控制，盛怒之下语言虽然高昂激烈，但不辱骂、挖苦、讽刺、侮辱学生人格，怒到一定程度，就要适时降温，不能怒不可遏和怒言失态，必须思中有理，说服教育，才能收到最佳效果。

③批评性谈话注意事项。

首先，批评要实事求是。要把事实搞清楚，不能仅以有人反映（可能情况有出入）为依据就批评，这样被批评者是难以接受的。所以，班主任批评学生必须从实际出发，弄清事情本来面目，找出问题原因，公正地分清责任，恰当地有分寸地有据有理地进行批评，使犯错误者本人和同学们都认为应该批评，才能取得积极效果。不能主观片面，随随便便，批评失实，以分析代替事实，夸大错误，无限上纲，更不能感情用事，不该批评的却挑毛病进行严厉批评，否则会影响师生关系，造成对立情绪和不良后果。

其次，批评要适当。既不宜过多，多则容易挫伤学生自信心和自尊心，也不是批评越少越好，更不是不要批评，过少或不进行批评则不能及时制止和纠正学生某些不良思想行为。所以，批评要从能否收到教育效果出发，根据学生表现出的不良思想行为的不同情况，有选择地及时地恰当地予以批评，以教育学生，才能有效地发挥批评的作用。

再次，批评要结合说服教育。简单地批评学生，只是对学生不良思想行为的一种外部的消极强化和否定，往往还不能转化为学生改正缺点错误的内部思想动机。所以，班主任批评时伴随着说理教育，使学生认识到什么是错误和错误的原因以及改正的努力方向，做到通情达理，使学生口服心服，产生纠正缺点错误培养良好思想品德行为习惯的内动力。

第四，批评要从爱护学生，把他们培养成为合格人才出发，既要严格又要亲切，要严中寓爱，爱中寓严。对他们的不良思想行为批评要中肯，分析要深刻，要求要明确具体严格，但对学生特定年龄和特定情况下所犯的过失要就事论错，要予以理解和谅解，不要吹毛求疵，过于挑剔。在严肃批评中有亲切关心，语言准确文明，批评结合鼓励，温度适宜，尊重学生人格，言词不尖锐、挖苦，也不絮絮叨叨、婆婆妈妈，以免引起学生反感。

2. 民主平等式对话艺术

（1）民主平等式对话的含义。

对话，是对话双方或多方在一定环境下，通过语言手段，民主平等地各自发表见解，抒发情感，释疑解问，双向交流信息，增进理解，以达到教育听众，提高认识，解决思想问题的一种方法。

对话有多种分类，根据对话内容可分为：政治对话，经济对话，军事对话，时事对话；根据对话目的可分为：传授性对话，议论性对话，说服性对话，鼓动性对话，漫谈性对话，娱乐性对话；根据对话场所可分为：会场对话，电话、电视、广播对话；根据对话对象可分为：和大学生对话，和中小学生对话等等。

对话有着明显的特点：其一，对话的双方或多方可以各抒己见，畅所欲言，可以在平等争论中分清是非，统一认识；其二，可以使对话的双方或多方获得思想信息和感情的双向交流，增强理解，心理相容；其三，对话方式生动活泼，民主平等，气氛和谐。所以，在我国处于社会主义初级阶段改革开放的变革时期，学生思想活跃，他们有许多关心的社会实际问题希望得到正确解答。因此，民主平等对话法，以广开言路，民主平等地各抒己见，倾听学生意见，质疑问难，交心谈心，互相对话，当场问，当场答，使双方情感交流沟通思想，增进理解，统一认识，解决思想问题，这种方法是对传统的"我说你听""我打你通"的单方说教，单向灌输的训诫式的德育方法的改革。实践证明，只要正确运用民主平等对话方法对青少年进行教育，都取得了良好的实际效果。

（2）民主平等式对话举例。

现摘录"刘吉答中小学生的提问"中的部分对话内容如下：

问：少先队教育我们为共产主义而奋斗，爸爸、妈妈、老师教育我们为考上重点中学而奋斗，你说我们应该为什么去奋斗？

答：共产主义是最终奋斗目标，需要许多代人才能实现，你们在成长中要有不同阶段的奋斗目标。如为考上中学，为考上大学，为入团，为入党而奋斗不能说是错的。要把阶段的奋斗目标融化在最终目标之中，把自己的行动纳入整个国家运行的轨迹。

问：老师说：对后进生教育要硬、要严、要敢，对吗？

答：硬不在言词上，在坚持原则；严不在态度上，在坚持制度；敢不在训人，在热心帮助。（鼓掌）

问："考考考，老师的法宝；分分分，学生的命根。"您怎么看这句话？

答：应改为"考考考，老师做参考（鼓掌）；分分分，学生做汇报。"

问：有的同学说，我长大要当官；有的同学说，我长大了要成才。哪种说法对？

答：官职数有限，成才数无限。成才者能当"官"，当官者不一定成才，我希望你们"立志成才"。

问：有时候，明明是爸爸妈妈不对，可他们还骂我打我。我该怎么办？

答：骂不还口，打不还手。你们腿脚灵活利索，躲过风头。（笑）等爸爸妈妈气消了，再去评理。

问：一个人从学生时代就要养成刻苦精神吗？

答："书山有路勤为径，学海无涯苦作舟。"叶帅有一首诗："攻城不怕坚，攻书莫畏难，科学有险阻，苦战能过关。"鼓励刻苦精神。（鼓掌）……

刘吉同志的对话艺术，是值得我们班主任好好学习体会运用的。

（3）民主平等对话注意事项。

对话不同于讲课、讲演、报告等班主任系统主讲式的谈话，它是需要答问者具有广博知识和多种智能有机结合的一种谈话艺术。要想取得对话的良好效果，必须注意如下事项：

第一，要吃透"上头"精神，明了学生"下情"。所谓吃透"上头"精神，是指要学习理解掌握马列主义基本原理，党的基本路线、方针、政策、法令、规定等，只有答话者真正吃透了"上头"精神，才能保证答话的理论性、政策性。

所谓明了学生"下情"，是指要具体了解学生对国内外重大事件、社会政治、经济、生活和个人前途、理想以及人生价值等有关问题的思想认识，以便做到心中有数，有所准备，答话时才能针对性地进行有说服力的解答。

第二，要认真打好腹稿，成功的对话在于充分准备，要围绕对话主题认真准备对话内容和实施方案。答话者要根据主题和对象以及估计可能提出的问题搜集材料，钻研思考，理解掌握，并考虑好如何针对听众可能提出的问题进行有理有据的解答，即打好腹稿。这样，才能临场不乱，应对自如。

第三，要加强文化智能修养。因为对话中可能涉及到意料不到的各种问题，需要答问者具有广博的文化知识和多种智能（如较强的记忆力、善于分析综合的思考力、敏捷的应变力、丰富的想象力、流利的口头表达能力等）修养。为此，平时要加强学习，勤于思考，以掌握广博的文化科学知识和发展上述多种智能，只有这样，才能在快节奏、高效率、灵活多变的对话中掌握主动权，在一瞬间就组织、复核、调整答问内容和话语，恰到好处地予以解答，才能做到语言简洁、明快、准确、有力，观点正确，见解新颖，说理清楚，分析精辟，有说服力。

第四，要创造民主平等和谐友好的对话环境。民主平等对话，并不是今天才有的，早在2000多年前，孔子就做得很好。他同弟子互敬互爱，教学相长，从不居高临下，以权威自居。他提倡"当仁不让于师"，即在真理面前，也不必对老师让步。他和弟子席地而坐，平等地互相讨论、对话、释疑解问。现在我们要学习发扬孔子这种精神，坚决克服那种以"教师爷"自居，凌驾于学生之上的不平等态度，克服那种"命令式""训导式"的对话方式，否则会使学生产生畏惧和压抑感，从而不可能畅所欲言地进行对话。班主任必须增强民主观念，尊重学生人格，把学生看做是朋友和学习的主人，创造一个民主平等友好和谐的气氛，才能做到和学生平等地对话，敞开思想，各抒己见，探讨问题，释疑解问，取得良好对话效果。

（二）个别谈话艺术

1. 对学生干部的谈话艺术

学生干部都是思想比较成熟，有一定的组织管理能力，在同学中能起表率作用的学生。由于工作关系，与班主任接触较多，在同学中有一定威信和号召力，是班主任搞好班级工作的有力助手。与他们谈话要做到以下几个方面：

（1）如果是布置工作，则除了交代任务外，班主任还要在工作方法上予以指导，告诉他什么工作该用什么方法，并可让学生谈谈自己的打算。

好的想法，班主任予以肯定，不当的地方，班主任明确指正，并讲明为什么，最后，就所开展的工作，班主任谈几点要求。这样谈话，有利于培养学生的组织工作能力，使他在班主任指导下，尽快老练、成熟起来；同时也使其体会到班主任的关心、支持，增强其工作信心。

（2）如果是了解班级情况、让学生汇报工作的谈话，班主任就要首先讲明谈话目的，并以和蔼的口气，鼓励学生如实反映情况。

在学生讲述时，班主任对好的方面要表示赞许，对不明白的地方可以插话询问。学生讲完后，班主任对班级情况要作出分析，讲明原因。对学生的工作，要作出评价，坚持以表扬鼓励为主。这样便于调动学生工作积极性。对不足或失败的地方，要客观地分析原因，不可训斥、辱骂，攻其一点，不及其余。对有些方面，班主任要主动承担责任，态度要诚恳。这样，学生不仅不会心灰意冷，反而会激发工作热情，将功补过。以后他便会在班主任指导下，大胆地开展工作。这样的谈话情真意切，体现了对学生干部的培养、爱护。

（3）如果是批评性的谈话，班主任就要坚持高标准、严要求。

对学生的过失作出严肃的批评，并阐明利害，决不能对错误姑息迁就。否则，既不利于学生干部的成长，也不利于班级工作的开展，甚至会留下严重的后遗症，引起连锁反应。例如，学生干部带头违犯纪律，如不严肃批评，劝其改正，以后就很难起表率作用，工作也不好开展，影响很坏。

不过，学生干部一时的过失，班主任也要正确对待。谈话时，对他工作的成绩，对他本人的优点，还要充分肯定，一分为二地对待。讲话要有分寸，满怀期望，对学生的过失表示惋惜。这样，通过谈话可以促使学生翻然悔悟，改正缺点，继续工作。

对学生干部谈话，要注意：

（1）倾听他们的意见，多采取交谈形式为好。（2）多讲些道理，多作些分析，开拓其思路。（3）要充分相信他们，尊重他们，但也要严格要求。（4）班主任谈话要直截了当，不要拐弯抹角，委婉含蓄。（5）班主任做决定要果断，不可优柔寡断。（6）谈话次数要多一些，但每次时间不一定很长。

2. 对优秀学生的谈话艺术

优秀学生一般聪明好学，成绩优良，思想进步，表现积极，在同学中有一种优越感，也很受班主任喜欢。但如果放松教育，容易滋长骄傲情绪，不能与同学打成一片。偶有过失，往往持不在乎态度，一般自尊心较强。与他们谈话要做到：

（1）开始不要直入正题，可从他感兴趣的话题入手，解除其防御心理。

（2）继而谈到他的成绩、优点，肯定其积极的因素，给他一个班主任很重视、关心自己的印象。

（3）接下来阐述有关的人生哲理、成才条件，鼓励其再接再厉，并可列举名人、科学家的动人事迹，为之树立榜样。

（4）当他为班主任的谆谆教导所感动，暗下决心，准备继续努力，争取更好成绩的时候，班主任可不失时机地指出其弱点和缺点，并分析其危害，帮助他客观、全面地看待自己。要向他们指出，成绩的取得不仅是个人努力的结果，而且与家长、老师的教育密不可分，谦虚使人进步，骄傲使人落后。

（5）当他领悟到自己的弱点，明了一定的事理之后，再明确地给他提出要求，鼓励他继续保持优异成绩，同时还要帮助其他同学一起进步。

与优秀学生谈话要做到：（1）要以鼓励、表扬为主，照顾学生的积极性。（2）对错误不能迁就，教育学生不断完善自我，立志成才。（3）谈话语言要恳切，感情要真挚。（4）启发自觉，注重培养学生自我教育、自我反省的能力。

3. 对表现一般的学生的谈话艺术

表现一般的学生在班级人数较多，他们学习不甚努力，成绩平平，思想上无进步要求，参加班级活动缺乏积极性。他们甘居中游，缺乏进取心。与他们谈话要做到以下几个方面：

（1）可先让学生谈谈自己的情况，谈谈对某些问题的认识，老师从中发现一些模糊或错误的观点。

（2）然后列举优秀同学的事迹，与之对照。找出差距，再阐明有关道理，启发他们觉悟，班主任话语恳切，倾注着满腔的热望，学生不会不为之所动。

（3）接下来给他指出问题：甘居中游，说明胸无大志，没有前进的目标，将来难成大器，对社会，对人类，不能作出应有的贡献，人生也就失去了价值。

（4）还可进一步指明，错误思潮、黄色书刊，对青少年的腐蚀作用很大。青少年立场不稳，意志薄弱，不进则退，容易被拉下水。所以甘居中游，不思进取，同样存在着潜在的危险。

（5）班主任的这些告诫，对其思想一定会有所触动，继而老师可提出希望和要求。如多与优秀同学交往，向榜样学习；积极参加集体活动，为班级做好事，靠拢组织，要求进步等。

与表现一般的同学谈话，要注意：（1）说话要和蔼诚恳，以情动人。（2）不要严厉训斥、指责，要循循善诱。（3）提出要求目标不要太高，要切合本人实际。（4）重点是增强信心，鼓励上进，不可把学生讲得一无是处。

4. 对偶有过失的学生的谈话艺术

这些学生平时各方面表现不错，在同学中有一定影响，只是由于认识偏激或个性缺陷所致，偶尔做出错事。事后能自觉意识到错误，有的主动向班主任坦白，后悔不已。与他们谈话要做到：

（1）应先让学生谈谈做错事的前因后果，并检查自己的责任。

（2）班主任获取信息后，加以分析。对学生的错误进行批评，指出其危害。

（3）老师要一分为二地看待学生，肯定他的优点和成绩，增强他改正错误的信心，不可一气之下，严加训斥，也不能攻其一点，不及其余，凭一时错误，抹杀全部成绩。

（4）接下来班主任应将语气缓和下来，阐述有关道理。如"金无足赤，人无完人"。犯一次错误并不可怕，可怕的是知错不改。这时班主任应以诚恳的态度，指出改正错误的措施，交待有关任务，让学生将功补过。

（5）班主任谈话态度诚恳、话语亲切，学生在谈话时并无如临大敌、诚惶诚恐之感，而是感到班主任是在关心、爱护、帮助、教育自己，如不改正错误，实在对不起老师。心中自然暗下决心，以后不会再错。

与偶有过失的学生谈话，应注意：（1）批评错误，态度要严厉，气氛要严肃，以此给学生一个触动。（2）坚持两分法，正确对待错误。（3）分析时话语要中肯，以理服人，不以势压人。（4）给学生指出方向，鼓励其改正错误。（5）班主任谈话，要心怀善意，不要讽刺、挖苦，更不能恐吓、惩罚。多用疏导的方法，促进学生领悟，激发其进步的内在动力。

5. 对后进学生的谈话艺术

后进学生一般觉悟较低，是非观念模糊，缺乏上进心，也没有良好的行为习惯，因而经常犯这样那样的错误。他们受社会不良因素影响，精力不放在学习上，整日想的是吃、喝、玩、乐，喜欢结伙滋事，寻求刺激，他们是班级的不安定因素。有些学生对老师的教育，持拒斥态度，被视为"屡教不改"，如何转化后进学生，是班主任一项艰巨的任务。与他们谈话要做到：

（1）班主任先要架起心理沟通的桥梁，奠定谈话的基础。为此，班主任要端正态度，稳定情绪，树立转化的信心。不要将他们视为眼中钉、肉中刺，必欲"整"之而后快。

（2）谈话之始，不要"单刀直入"，列举种种"罪状"，而要采取迂回战术，不妨先问寒问暖，从关心其生活入手。这样可解除他的"防御心理""抗拒心理"，促使他认识到，老师谈话，不是又要"整他""治他"。

（3）班主任对后进生的错误表现虽已心中有数，不妨再给他一个"暴露"机会，让他谈谈为什么会犯某种错误。从他的谈话中，班主任可获取支配他行为的错误思想焦点，或内在的行为动机，把他的思想焦点作为下步谈话的突破口。

（4）了解了后进生的内心世界，找到了主攻方向，进而班主任就要与之"思想交锋"了。班主任的谈话，重点不是针对错误，严加痛斥，而是要以平稳的语调、含情的言辞探讨分析其后进的原因。要么分析其家庭影响与小时候的经历，要么探讨他精神上的创伤，找寻心理的症结，要么剖析其个性特点及其形成缘由等等，晓之以理，动之以情，态度诚恳，苦口婆心，这样一定会在他"冷却"的心灵上掀起波澜，他似乎会意识到，真正关心、爱护他的是老师。班主任的深情厚爱胜过了母爱，化解了他心中的冰层，这时他就会承认自己的过错。

（5）谈话至此，仅仅给班主任提供了教育的机会。接下来，班主任就要挖掘学生身上的积极因素，予以充分肯定，阐明有关做人的道理，提出殷切的期望和要求，激发他觉悟，提高他的认识，告诉他前途充满曙光。

（6）后进学生的个性发展往往存在严重缺陷，难以一下子矫正，错误意识和行为习惯也不是一下子能转变过来的。因此，班主任的个别谈话要多次进行，要有反复的思想准备，有耐心，切忌粗暴和急躁，只能以柔克刚，不能以硬对硬。

与后进学生谈话，应注意：（1）重在攻心，不在整人，只能因势利导，不能听之任之。（2）班主任胸怀要宽阔，不能对学生的错误言行斤斤计较。（3）谈话时要控制情绪与情感，特别要制怒。（4）要尊重学生的人格，不羞辱、挖苦，防止产生逆反心理。（5）谈话要寻找有利时机，注意场合。（6）分析、批评要合情合理，切忌无限上纲。（7）谈话可分多次进行，给学生以反省的机会。

6. 对有生理缺陷的学生的谈话艺术

这些学生因为有生理缺陷，往往在心理上形成某种压力，总感到矮人一截，容易产生自卑感，怕人取笑，不愿参加集体活动，很少与人交往。长期下去，自身的优势不能发挥。能力发展受到阻抑，有的甚至产生心理障碍。与他们谈话要做到：

（1）班主任态度要格外热情、和蔼，话语要格外亲切、谨慎，以免刺伤他们的自尊。

（2）谈话时要以鼓励为主，讲明人生哲理：人生的价值在于对人类对社会的贡献，身残志不能残，要敢于面对现实，接受自我，发挥自我优势，以坚强的毅力战胜困难，同样能成为优秀的人才。

（3）榜样的力量是无穷的，与他们谈话，最好多列举保尔·柯察金、张海迪这样的典型，为他们树立榜样，激发其自信，克服其自卑。班主任谈话时，满怀深情，语重心长，一定会引起他们心灵的震颤。

（4）谈话中，可交代一些学生力所能及的工作，为他创造成功的机会。

（5）对有过失的学生，在批评其错误时，注意讲话的分寸和语气，千万不可拿生理缺陷做笑柄，讽刺、挖苦。

（6）在谈话之后，对这类同学，在条件允许的情况下，可尽量给予生活上的照顾。如排座位、上体育课、劳动时，要和其他同学讲明道理，以取得同学们的同情和谅解。

与有生理缺陷的学生谈话要注意：（1）班主任应多几分关怀，多几分爱，以此补偿他心理上的缺失。（2）谈话语气要和缓，话中不要带刺，不要触及生理缺陷，以免伤害自尊心。（3）谈话以鼓励为主，及时表扬其优点，以唤起进取的勇气。

7. 对早恋学生的谈话艺术

据有关部门调查，我国初中学生有15%，高中学生约有19%发生早恋行为。男女学生一旦过早误入"爱河"，往往会神情恍惚，情意绵绵，看书看不下去，个人正常的学习秩序遭到破坏，上课注意力分散，对班级开展的各项活动，都提不起劲来，整日想入非非。与他们谈话要做到：

（1）要选择恰当的时间、地点和场合，不可将谈话内容外泄，以免造成不必要的麻烦。特别是对望风扑影的事情，谈话更要持慎重态度。

（2）谈话内容一定是经过充分了解的，有确凿的证据，因为恋爱问题对每个同学都是一个敏感的问题，不能把男女之间正常的友谊交往当做早恋行为。

（3）对确有早恋行为的同学，谈话时，一定要采取正面说理、启发诱导的方法，指出早恋的危害。中学生身心发展并未成熟，过早把精力放在恋爱上面，不仅有碍于智力的发展，而且还会因舆论的谴责和秘密交往的压力造成性格上的缺陷和个性发展的障碍，同时对身体发育也有不利影响。

（4）对于坠入爱河较深的学生，谈话时可敲敲警钟，指出早恋往往蕴涵着失身或失足的危险。中学生情感好冲动，自制能力有限，在伦理道德判断上还很不成熟，过早恋爱容易发生意想不到的出格行为。

（5）早恋问题涉及到学生家庭，所以班主任谈话前后应与家长取得联系，相互配合，而且要劝告家长不要采取过激行为，更不要伤害孩子的自尊心。

（6）班主任在谈话之后，也要谨慎行事，万万不可当众批评，施加压力，否则后果不堪设想。

与早恋学生谈话，应注意：（1）谈话时间、地点、场合选择要慎重，不要引起其他同学的误解。（2）谈话以疏导为主，不要当做犯错误而严肃处理。（3）谈话时气氛要松弛，不要像发生了重大事故一样，以免给学生造成压力。（4）一次谈话后，要给学生以思考的时间，不要快刀斩乱麻，立竿见影地解决问题。（5）谈话的同时，对学生要进行感情的抚慰，以免伤害其纯洁的心灵。

8. 对个性强的学生的谈话艺术

人的气质分为多血质、胆汁质、粘液质、抑郁质四种典型类型，其中多血质、胆汁质同属外向型，而胆汁质又属不平衡型，脾气急躁，遇事缺乏冷静的思考，好冲动，易冒险，做事往往不顾及后果，自以为是，敢说敢干，故经常做一些莽撞的事，惹出麻烦。与他们谈话要做到以下几个方面：

（1）班主任要保持冷静的态度，以柔克刚，千万不要不分青红皂白，急风暴雨式地批评一顿。那样，只能激起学生冲动的情绪，他不但听不进正确的道理，反而误认为老师与他过不去，以硬对硬，只能激化矛盾。

（2）谈话要选择恰当的时机。如果学生做了错事，违犯了纪律，班主任要采取冷处理，或过夜再处理的办法，即待事发后，让学生情绪冷静下来，再与他谈话，指出错误，讲明道理，如果在他冲动时谈话，因他缺乏理智，不能认真地思考问题，搞不好还会与班主任顶撞起来。

（3）个性太强的学生既有其急躁、冲动的一面，也有其热情、豪爽的一面。班主任谈话时，要善于肯定他的积极因素，因势利导，鼓励他发挥自己的优势，并劝导他尽量避开消极因素。

（4）个性强的学生，大都好胜、好强、好出风头。班主任谈话时，要认真听取他们的意见，对于合理的要求，要尽量给予满足。一般来说，他们都比较"讲义气"，知恩图报。如果他体会到班主任是出于真心关心他，爱护他，他一定会知错必改，对班主任顿生感激之情。

与个性强的学生谈话，要注意：（1）采取以静制动，以柔克刚的策略。（2）适当鼓励，调动其积极因素，发挥其热情、直率、有干劲的优势。（3）一次谈话时间不易过长，否则他没耐心听。（4）谈话时，可让学生自由些，不要强制他一动不动。（5）要有反复谈的思想准备，一次谈话，不可能长久起作用。

9. 对内向、孤僻的学生的谈话艺术

粘液质、抑郁质气质的人属内向型，特别是抑郁质学生，胆小怯懦，优柔寡断，孤僻多疑，内心体验深刻，整日忧心忡忡，经常受到疑虑、惊惧情绪的折磨，自卑感强，自信心不足。与他们谈话要做到以下几个方面：

（1）班主任要选择恰当的地点和场合，最好不被他人所知。这样可以减轻对学生心理的压力，动员他吐露心声。

（2）谈话时，班主任要和颜悦色，亲切委婉。因为他们胆小怯懦，又善于察颜观色。班主任如果声色俱厉，那学生则胆战心惊，甚至处于惊恐状态，谈话也就无效果可言。

（3）即使学生犯了错误，因其自省能力强，本已担心害怕，后悔不已。那么，班主任就不必再严厉批评，更不可讲过头话，增加学生的心理负担。错误、缺点只要点到为止，更多的则需要鼓励，指出他的积极因素，表扬他的成绩，以此来克服他的自卑感，增强自信心、自尊心。

（4）班主任与这样的同学谈话，以随机进行为好，不要过于严肃认真，郑重其事，平时多关心、爱护，有了融洽的情感纽带，要谈的话，其实尽在不言之中。

（5）因其内向、孤僻，班主任平时须多关心、体贴，谈话次数不宜过多，每次谈话时间不宜过长，所谈问题不宜过多。

与内向、孤僻的学生谈话，应注意：（1）谈话时，要在轻松、无拘束的气氛中进行。（2）班主任话语宜亲切和缓，不要严厉高声。（3）让学生坐下，与班主任保持一定距离。（4）注意观察学生心理反应，及时调整谈话过程。（5）班主任问话，学生默不作声，班主任要善于忍耐，实在不讲，也不宜训斥。

人际交往的艺术

人是一切社会关系的总和，人际交往是人类社会特定的社会现象。班主任要教育组织管理学生，必然要与各个方面各种类型的人发生交往关系。因此要使班级管理工作富有成效，班主任就必须注意人际交往的艺术。

一、人际交往的作用与手段

1. 人际交往的作用

人们为了彼此传达思想，交换意见，表达情感需要等目的，运用言语和非言语而实现的沟通称为人际交往。人类的生产活动和生活离不开人际交往，它是人类生存的一种需要，如果没有交往，没有形成相互作用的准则，没有行动的协调一致，人们进行共同的活动也是不可能的，一切社会形式的运转也将停止，社会也将不会发展和继续存在。马克思曾指出："人们在生产中不仅仅同自然界发生关系。他们如果不以一定方式结合起来共同活动和互相交换其活动，便不能进行生产。为了进行生产，人们便发生一定的联系和关系；只有在这些社会联系和社会关系范围内，才会有他们对自然界的关系，才会有生产。"费尔巴哈也曾指出："人的本性只存在于交往中，人与人的统一中，仅仅依赖于我与你之间差别实在性的统一中。"

总之，从人类最初开始，人际交往就担负着协调人与人之间的行动和满足个体间心理接触需要的重要作用。

人际交往既具有积极正面的性质，也具有消极反面的性质。积极的人际交往，有助于一个人形成良好的品行。反之，消极的交往不利于形成良好的品行，甚至会形成反社会行为。因此，班主任在人际交往中，不仅要使自己与他人的交往是积极的，而且还要注意协调学生与他人的交往向积极的方向发展。

2. 人际交往的手段

班主任为更好地履行自己的职责，不仅要认识人际交往的作用，而且要掌握交往的正确手段。

（1）言论交往手段。

言语是人们认识现实、认识自己的工具，是人与人之间信息沟通和情感交流的媒介。借助于语言，人们可以传递信息，获取知识经验，可以表达自己的思想感情和意向，加强彼此间的了解，调节着人际交往的进程。与其他交往手段比较来看，言语所提供的信息更为丰富、充分和深刻。在学校教育中言语的参与，将能使学生更好地理解学习目的，掌握丰富的知识和经验，掌握活动的技能技巧，形成良好的思想意识和道德品质，从而提高学业成绩和思想认识水平。

（2）非言语交往手段。

参与师生共同活动调节的不仅仅是言语手段，而且还有面部表情、体态等非言语交往手段。

非言语交往手段在不同情况下对言语有不同程度的依赖性。它们经常伴随着言语手段进行人际交往，运用生动的内容充实它，或者代替言语表达独立地表现出来。

人际交往手段，一般说来具有 3 种不同的功能，即信息沟通的功能、情绪沟通的功能和调节沟通的功能。在人们直接交往中，这一切功能相互联系着，并决定着共同活动的效率及相互关系准则的形成等等。

如果从交往手段来划分，那么，非言语交往手段主要传递鼓励性的信息，而较少用于传递表达评价性的信息；言语交往手段则主要用于传递消息和表达评价性信息。

二、人际交往的心理效应

在人际交往中，人与人之间总会产生各种印象、反映效果，我们统称为心理效应。如果我们对各种效应把握得当，会有助于交往的顺利进行和班主任工作的展开。

1. 首因效应

素不相识的人，初次见面，彼此所形成的印象称为第一印象。首因效应就是指人们在初次交往中，最先提供的信息对形成第一印象的影响。知觉者凭第一次接触，直接从对方的外表、言谈和表情中，获得有关对方人品的信息，或在未见面以前，从其他渠道预先得知一些有关对方的信息，在此基础上形成了对此人的第一印象。第一印象极为鲜明、深刻而牢固，给人形成一种固定的看法，影响着今后的交往关系。实际上第一印象只能作为对人知觉的起点，而不能作为终点，因为第一印象不可能全面而真实地反映一个人的根本面貌，难免有主观性和片面性。

由于第一印象在人际交往中具有重要作用，因此，班主任一方面要注意自己的言谈举止和行为规范，注意整饰自己，力争给学生留下良好的第一印象；另一方面，又不能只凭第一印象来认识、评价学生，避免因第一印象的影响而对学生产生错误的看法。

2. 晕轮效应

晕轮效应也叫月晕效应、光圈效应或成见效应。在对他人的某些品质形成了清晰鲜明的印象后，掩盖了对其余品质的知觉，是一种以偏概全、以总概面的反映。常言说"一俊遮百丑""一好百好""一坏百坏"，指的就是晕轮效应。晕轮效应大多产生于对他人的感知和评价过程中，往往夸大一个人的优点或依一个人的某一不足为根据而对此人产生否定性的评价。在学校教育中，此种效应会产生不良的后果。因此，班主任要注意防止发生晕轮效应。要客观公正地评价和认识学生，既要看到学生的长处，也要了解学生的不足，不能仅凭学生的某一方面的表现而做出终结性的鉴定，尤其是在选择、任用班干部时，更应力求避免这种现象的发生。

3. 刻板印象

刻板印象是指对社会上各类人所持有的固定看法，或者说是对人的概括泛化的看法。刻板印象普遍潜移默化地存在于人们的意识之中。在地理环境、经济条件、政治地位、文化水平、民族、宗教等方面有相似条件的群体中有许多共同点，逐渐形成了比较固定的概括化的看法，甚至地区、国籍、肤色、职业、性别、年龄等都可能成为刻板印象的基础。有了刻板印象后，在对他人进行知觉时，往往简单地把某个人归入某一群体的刻板印象中去。例如，认为独生子女是比较聪明、任性的，女性是较为腼腆、拘谨、羞涩的等。

刻板印象有时可成为知觉他人的捷径，可以帮助人们迅速而有效地适应环境，较快地对某人或某一群体做出概括性的反应。但有时也容易产生先入为主的失误，形成对他人的错误的评价。人们一旦形成不正确的刻板印象，用这种定型去衡量一切，会造成认知上的偏差，妨碍人与人之间的正常交往。班主任在日常的教育教学活动中，应注意观察学生的具体表现，实事求是地去看待学生，决不能仅凭刻板印象主观地给学生下评语，更不能人为地将学生随意地划归到某一群体中。

4. 近因效应

近因效应是指最近所获得的信息给人留下的深刻印象，对后来的交往产生一定的影响。这种效应多出现在对熟人的知觉中。由于熟人的行为中出现新的变化，会影响或改变对这个人的原有看法，帮助人们改变第一印象的影响。作为班主任来说，应重视学生的最近表现，善于发现学生的每一点进步，并及时地给予鼓励。同时也应避免由于学生近期出现的某一点差错，而全盘否定对其原有的良好评价。

5. 线索偏差

线索偏差主要是指一些人的真正意图被假象迷惑，形成对人认知的错觉现象。例如，有些人为了讨好、奉承一些人，或是为了达到某种目的而彬彬有礼。这种表面的假象往往会影响到对一个人的本质的正确认识。班主任在分析评价学生时，不能只见树木，不见森林。要透过现象分析本质，正确理解学生外在表现的隐含意义，借助于长期的观察和了解，掌握学生的本质特征，不要被学生某些表面行为的假象所迷惑。

6. 制约现象

在现实中，我们常常会根据某一特性的存在而推论与此特性有关的某些特性也同时存在。例如，有人曾经对一个人形成了良好印象，后来就发生当遇见和这个人的某些人格特征（如音容笑貌或其他方面）相类似的人，也可能在不知不觉中产生良好印象的心理制约反应。产生这种心理现象是因为一个人的音容笑貌和我们所喜欢的人形成了一个制约反应的单元，因而只要我们遇见与此相类似的音容笑貌也就会产生对这个人的全部反应。平日所谓的"一见如故""一见倾心"等就多属于这种制约现象。

7. 情绪效应

在第一印象形成的过程中，主体当时的情绪状态可以影响到对这个人今后的评价。第一次接触时主体方面的喜怒哀乐对于对方关系的建立或是对于对方的评价，可以产生不可思议的影响。与此同时，交往双方还可以产生"情绪传染"的心理效果。主体情绪不正常，也可以引起对方不良态度的反应，从而影响到良好人际关系的建立。

三、班主任与学生的交往

班主任与学生的交往是人际交往中的一种特殊交往，它不同于社会上的人际交往。积极正面的师生交往，有利于建立起良好的师生关系，有利于形成良好的工作关系，进而全面地完成教学任务。

1. 师生交往得以实现的条件

人际交往的媒介是言语和非言语，它们是人际交往的工具。但在进行交际时，双方必须对此有统一的认识和理解，缺乏这个条件，双方就不能发生交往活动。因此，师生在交往过程中所使用的言语和非言语就必须是师生双方所共同理解的，这样才能达到师生真正的交往。

（1）传出的信息要尽量不受到外界的干扰。如果声音太小，有噪音等，都会对师生交往活动产生干扰作用，影响信息的传递。

（2）信息的接受者（教师或学生）要有心理上的准备。信息的接受者（教师或学生）如果心理上缺乏接受信息的准备性，或心理上的准备性不同，即使是同样的信息，接受者（教师或学生）也会使信息内容打折扣或产生歪曲。

2. 师生交往的意义

师生之间积极正面的交往，是保证教育教学任务顺利完成的重要条件。了解和研究学生是班主任开展工作的前提，没有对学生深入细致的调查了解和研究，就没有明确而自觉的教育行动。而了解和研究学生又是通过师生交往来实现的，在交往中，师生之间增进了了解，加强了理解，教育活动就容易开展，学生也容易接受班主任的教导。师生交往在某种意义上说是相互作用的交往，它可以促进师生各自的提高和进步，通过交往，班主任与学生相互取长补短，共同提高。

3. 班主任与学生交往的原则

（1）平等性原则。

班主任与学生是平等的关系，只有掌握知识的先后之分，没有高低贵贱之分，班主任与学生有掌握知识多少之别，而在人格上是平等的。人格平等，集中表现为师生之间权利与义务的平等，不承认有任何特权的存在。这一原则是师生之间关系的人格特征。

（2）相互信任性原则。

信任来自理解和友爱。发展良好的师生关系，要多讲理解和友爱。师生之间无利害冲突，这就决定了相互信任是师生关系本质的一面，这一原则是师生之间关系的心理特征。

4. 师生交往的形式

师生交往不只是教师向学生传递信息，也不停留在师生的相互认识上，它还有师生在动作上的交互作用。班主任作为班集体的领导者与管理者，必须清楚在他与学生的协调活动中，既有可能形成相互协调的动作，也有可能发生冲突。要了解多种师生相互作用的形式的特点，努力使师生在课堂中的交往成为有效的协同活动。

美国教育心理学家林格伦（1967）曾在《课堂教育心理学》中提出了学校领域内师生之间交往的4种形式。

（1）第一种形式，教师在课堂上与学生保持单向交往，它是传统的教师讲话型的师生交往形式。在这一交往类型中，信息传递受到教师发送信息能力和学生吸收信息能力的限制，而且学生接受信息从总体上来说是被动的，缺乏主动性和积极性，因而效果最差。

（2）第二种形式，教师与学生发生着口头和非口头的来回交往。有时，表面看来是教师讲学生听的单向交往，但实际上学生可用姿态、举止、面部表情等向教师反馈信息。所以，这是一种双向交往的方式，因而效果尚好。

（3）第三种形式，教师和学生不但保持双向交往，而且也允许学生之间的交往。在以教师为中心的教学活动中，学生之间自然会发生相互发问或以某种方式交换各自的感受，因而效果较好。

（4）第四种形式，教师成为相互交往的中心，教师和学生都作为集体中的一员，进行来回的交往，从而促使所有成员双向交流，活动全面展开，因而效果最佳。

以上提出的几种交往形式只是理论模式，事实上，人们在进行交往活动中，各种方向的交往都不是单纯地分离开来的，而往往是错综复杂地交织在一起进行的。

四、班主任与科任教师的交往

班主任的工作是否卓有成效，不仅仅取决于班主任个人的工作态度、能力和水平，还取决于教师集体及其与班主任的配合程度。马卡连柯说："哪里教师没有结合成一个统一的集体，哪里也就不可能有统一的教育过程。"任何学生的成长，都是教师集体努力的结果。因此，班主任应主动与本班各科教师取得联系，互通情况，统一要求，使本班科任教师形成一个坚强的教师集体。班主任协调好科任教师之间的关系，是形成团结友爱、积极向上的班集体所不可缺少的条件。

1. 班主任要虚心听取科任教师对本班学生各方面情况的反映

从整体而言，班主任对本班学生的感情，要比科任教师与学生的感情密切，因为班主任与学生相处的时间长，共同参与的活动多，对学生了解比较深入，对本班学生所负的责任要比科任教师所负的责任大得多。正是如此，才更需要班主任虚心听取科任教师对本班学生各方面情况的反映，以便更好地担负起自己的责任。有的班主任喜欢听科任教师对本班学生的赞扬，而不愿意听取科任教师对本班学生的批评；也有的班主任对科任教师所反映的本班学生的问题，采取应付了事的态度，不认真解决；还有的班主任对本班学生护短，袒护学生的问题。这些现象都是班主任应该加以注意并力求避免的。为了做好班主任工作，在教师中形成一个坚强的教育集体，班主任必须抛弃一切不正确的思想观念，把教书育人放在首位，不应以自己的感情和对学生的亲疏远近来扭曲科任教师对学生的评价。

2. 维护科任教师的形象、树立科任教师的威信

班主任如何对待评价科任教师，直接影响自己在学生心目中的形象和威信。要让别人尊重自己，首先就要尊重别人。班主任对科任教师的尊重，正是以自己的行动来教育学生应该尊重他人。很难想像，一个不尊重别人的班主任，自己会得到学生的尊重。作为一名班主任，要注意从以下几方面维护科任教师的形象，树立科任教师的威信。

（1）不在学生中议论、评价科任教师的缺点。

金无足赤，人无完人。不仅科任教师，就连班主任自己可能在教学水平、对待优差生的态度等方面，都存在着令某些学生不满意的地方。班主任要从一分为二的角度出发，对学生加以正确的引导。且不可为了抬高自己，在学生中有意无意地贬低以至诋毁科任教师。否则，不仅不利于形成教育集体，还容易在学生中造成不尊重教师的不良风气。青少年精力旺盛、敏感、好奇，喜欢对教师和学生评头品足。但由于学生的认知能力有限，对教师或同学的评价往往出现错误或主观片面性，这是正常的、难免的。当班主任听到学生这些议论时，应明确地纠正学生的错误评价，切不可顺水推舟，推波助澜。

（2）正确对待科任教师在课堂教学中出现的失误。

人不可能不犯错误。教师在教学过程中也可能会出现这样或那样的失误。当科任教师在教学中出现失误后，班主任要在班级作正面的解释，增强学生对教师的理解；在同事中不能把科任教师的教学失误加以

扩散，更不能以此讽刺、挖苦科任教师。班主任要积极主动地与科任教师共同协商，找到处理课堂教学失误的最佳途径，探讨如何才能避免出现课堂失误，这样，既维护了科任教师的形象，树立了科任教师的威信，也增强了班级教育的合力。

3. 班主任与科任教师要志同道合、步调一致、目标统一

所谓志同道合、步调一致、目标统一，就是班主任邀请本班科任教师共商班级大事，让班级的奋斗目标获得科任教师的认可，争取科任教师的支持和配合。一个人的能力和水平毕竟有限，如果再得不到科任教师的支持和配合，要实现班级的工作目标是不可能的。为此，班主任要与科任教师保持良好的人际关系，与科任教师心往一处想，劲往一处使。要做到与科任教师步调一致，目标统一，主要有以下3种途径：

（1）班主任在开学前后应邀请本班科任教师，共商班级大事，让班级的奋斗目标获得科任教师的认可，争取他们的支持。

（2）平时邀请科任教师参加本班的团队日活动、春（秋）游、新年联欢或兴趣小组等集体活动。

（3）通过个别交谈的方式把班级的奋斗目标及其他大事告诉科任教师，以期获得他们的支持和理解。

4. 班主任与科任教师经常互通情况

班主任要想科学合理地管理班级，必须掌握班级的所有信息，而科任教师有时会掌握一些班主任所不了解的班级情况。为此，班主任要经常地与科任教师进行联系，沟通情况，借助于科任教师，获得一些可贵的情报，同时也可以征求科任教师对本班工作的意见和建议，以便进一步改进班级的管理工作。另外，通过和科任教师的交往，可以将自己的管理方法、思路传达给科任教师，以求得科任教师的配合，做到班主任和科任教师步调一致，要求统一，齐头共管，从而更好地搞好班级的管理工作。

五、班主任与学校领导的交往

学校领导与班主任之间的关系，是上下级的关系，这种关系的融洽与否，将会给班级的管理工作带来很大影响。在班级的管理工作中，如果能得到学校领导的支持和帮助，将有利于班级各项工作的开展，取得良好的管理效果；反之，如果上下级关系不融洽，班主任未能处理好与

学校领导的关系，甚至与学校领导产生对立和冲突，势必会降低工作热情，产生抵触情绪，进而影响到工作效率。

学校领导是学校各项工作的"总管"，也是班主任的直接领导者。班级的各项工作离不开学校管理者的领导和监督，班主任开展工作也需要学校领导的支持和帮助。所以，班主任要使工作达到预期目的，取得良好效果，就必须处理好和学校领导的关系，正确掌握人际交往的艺术。

那么，班主任如何才能协调好与学校领导的关系呢？

1. 尊重领导，服从领导

学校领导是党的教育方针、制度的执行者和传达者，也是学校各项工作制度的主要制订者。班主任既然是学校团体的一员，就有责任有义务不折不扣地遵守学校的各项制度、要求，服从学校管理者的领导和监督，要尊重学校领导者的意愿，维护领导的威信，接受领导的命令，以便使学校的各项制度得以贯彻执行，使学校的各项工作计划得以实现。作为班主任，决不能恃才傲物，蔑视领导，不能独断专行，各行其是，拒绝执行学校领导的命令，更不能借助自己班级学生的力量要挟领导，故意给领导出难题。当然，在执行领导指示时，也应有一定的创造性，避免盲从。

2. 做好本职工作，获得良好评价

要想处理好和领导之间的关系，最基本的是要尽心尽力地做好自己的本职工作，保质保量地完成自己的工作任务，获取学校领导对自己工作的良好评价，以增强领导对自己的满意程度和信任感。作为领导者，都希望自己的下属具有应付各种工作的才能，具有敬业、乐业的精神。所以班主任作为学校领导的下属，必须热爱自己的职业，关心自己的班级，满腔热忱地去管理班级，使班级的各项工作有一个好的起色，这样才能使领导满意，让领导放心，提高自己在领导心目中的地位，学校领导对于自己的工作也会给予全力的支持和帮助，上下级的关系也才能融洽、和谐。

3. 加强信息沟通，搞好信息交流

班主任在日常活动中，要多向学校领导请示汇报，汇报自己的工作情况，提出自己的建议和看法，尽可能地利用各种方式多与领导接触，增加交往频率，缩短和领导间的心理距离。这样，既便于及时准确地获取领导的指示、评价，提高工作的效率，又可以使领导较快地获得学校工作的反馈信息，增进上下级之间的理解，促进双方的信息沟通。

4. 树立全局观念，照顾整体利益

学校领导要顾及全局，不能面面俱到，而班主任所抓的是具体工作，因此，在工作中，难免会与学校领导产生这样或那样的矛盾，甚至冲突，出现班级小集体与学校大集体不相一致的局面。在这种情况下，班主任一定要心胸宽广，树立全局观念，以整体利益为重。要站在领导的角度考虑问题，设身处地地为领导着想。有时宁可牺牲自己班级的某些利益，也要维护学校这一大集体，决不能心胸狭窄、斤斤计较，处处事事只为自己班级着想，争名夺利，追求所谓的"事事合理"，而全然不顾其他班级或学校整体的利益。

5. 坚持原则，不逢迎媚上

学校领导是班主任的顶头上司，所掌握的权力对班主任的利益有一定的影响。但班主任也决不能因此而媚上欺下，对领导阿谀奉承，不能为了自身的利益或某种企图而一味地逢迎讨好领导，毫无原则地迁就领导，而应该光明磊落，不骄不媚。对待领导的正确指示，要坚决贯彻执行，对于领导的错误要敢于提出批评，对于不合理的命令和意见应进行抵制。只是要注意抵制的方式方法，力求做到既帮助领导改正缺点错误，又要维护领导的威信，不能鲁莽、蛮干，凭意气用事。

6. 了解领导者的领导方式，采取相应的交往措施

学校领导者的领导方式是指学校领导者用来对教职工行使权力和发挥领导影响力的行为表现方式，它体现了领导过程中领导者与被领导者之间的关系，体现着领导者的工作作风。

在我国，客观上存在着3种类型的学校领导方式。

（1）专制型的领导方式。

专制型的领导方式，也叫集权型领导方式，它的主要特征是学校领导者权力高度集中，突出领导者的地位。凡事躬亲，事无巨细都得领导点头，下属必须无条件地服从与执行领导的决定，重视行政手段的作用，强调奖惩，领导经常干预下属的工作，不喜欢听反对意见，不愿与有独立见解和创造精神的人相处，喜欢发命令，作指示，对于教职工的

缺点错误毫不留情地进行批评教育。

（2）民主型的领导方式。

民主型领导方式的主要特征是学校领导者在工作中广泛依靠广大教职工，积极吸取广大教职工参与学校的管理工作。在进行决策时，注意吸收和听取教职工的建议和意见，尊重下属的职权，放手工作，注意调动下属的工作积极性，信任教职工，满足教职工的合理需求，乐于与教职工接触，上下级的关系较为融洽。

（3）放任型的领导方式。

放任型领导方式的主要特征是学校领导者放弃自己的职责而把大部分权力交给职工，要求教职工实行自我管理。领导不干涉教职工的活动，完全依靠下属的自觉性，不强调规章制度的约束作用，较少使用惩罚手段来进行管理，下属对自己职责范围内的事可以自作主张，各行其是。学校领导者与教职工保持不即不离的关系，很少主动与教职工接触，对教职工的问题采取不闻不问的态度。

上面3种领导方式，各有所长，各有所短，比较起来看，民主型的领导方式更为适宜一些。但采用何种领导方式，往往由领导者决定，而非班主任所能控制的。班主任所要做的是根据不同领导方式的特点，采用相应的交往方式，更好地搞好和领导间的关系，以取得良好的交往效果。

对于专制型的领导，班主任要注意维护领导的威信，承认其权威性，无条件地执行领导的正确意见，遇事多请示、多汇报，不可自作主张、各行其是，不可因领导专制而减低责任心、降低工作效率。同时，也要采取易于被领导接受的方式，提出自己的合理化建议，帮助领导搞好工作。对于领导的失误，要尽自己的能力进行挽救与弥补，决不能看笑话，闹情绪，影响工作。

对于放任型的领导，班主任要增强自身的责任心和义务感，提高工作的积极性和自觉性，严格要求自己，主动和领导接近，合理有效地使用领导下放的权力，既不能放任自流，自由散漫，也不能越权办事。要积极发挥自己在工作中的主动性和创造性，具有开拓进取的精神，圆满而有效地做好本职工作，要主动自觉地将自己置于领导者的监督之下，自觉遵守各项规章制度，避免无政府主义。

民主型的领导，和下属的关系较为融洽和谐，班主任和这种类型的领导交往较为容易和随便，易于建立良好的人际关系。但也要注意戒骄戒躁，决不能恃才傲物，所提的建议或要求必须合情合理，不能胡搅蛮缠，对领导采取强硬态度。

六、班主任与学生家长的交往

学生的成长发展是学校、家庭、社会相互作用的结果，其中最主要的是学校教育。但学校教育是否有效，还要得到家庭和社会的配合和支持，尤其是家庭教育对学生的影响作用更为突出。因为家庭是学生的第一所学校，家长是子女的第一任教师，家庭的氛围与养育方式对学生的身心发展起着不可低估的作用。家庭环境如何，直接关系到学生能否健康成长。

教育学生的工作，必须要有家庭的密切配合。班主任是学校与家庭联系的桥梁和纽带。争取家长配合学校对学生进行教育是班主任工作的一个重要内容。因此，班主任一定要与家长取得密切联系，掌握学生在家里的表现，征求家长对学校工作和班级工作的要求和意见，向家长宣传党的教育方针和学校采取的教育工作的方法和措施，向家长介绍家庭教育的正确方法和先进经验，提高家长的教育思想水平，使学生家长掌握并采用合理的教育手段，并和家长一起共同商讨研究教育学生的措施。

争取家长协助班级工作的形式主要有走出去、请进来、信号联络3种。

1. 走出去的艺术

走出去的艺术，主要是班主任进行家庭访问的艺术。家访的作用在于：第一，可以互通情报，使学校和家长都知道学生在校内校外的表现，从而能够对他的思想、行为做出正确的估计和判断，以便有的放矢进行教育；第二，可以使家长明确学校对学生的要求，配合学校做好教育工作；第三，可以了解学生家庭教育的经验和缺陷，帮助家长扬长避短，改进方法，进一步搞好家庭教育。总之，家访，既有利于学校教育，也有利于家庭教育，是班主任必须做的一项重要工作。

搞好家访，并不是轻而易举的，既要讲求科学性，也要讲求艺术性。

（1）家访要普遍化、经常化。

所谓普遍化，即是对全班学生的家庭要普遍进行访问。特别是班主任接受一个新班时，要在开学前对全班学生家庭普访一次，目的是了解学生家长职业、对孩子的教育方法、家庭环境、居住条件、对学校有什么要求等。同时，通过访问，认识学生，了解学生的个性、爱好，跟什么人交往，过去学习上有什么困难，对老师、学校有什么要求等。同时还可以向家长和学生说明学校和班上新学年对学生的要求。

所谓经常化，就是家访要经常进行，而且形成制度。不要等问题成了堆或学生犯了什么错误才去进行家访，不要使家长产生"无事不登三宝殿"的感觉。

家访的目的是增进家长与班主任、学生与班主任之间的感情，以争取家长对班级工作的大力支持，这种沟通就是要使家长和班主任在教育问题上，在认识领域和情感领导上产生一种共识和共鸣，从而促进对学生的目标管理。班主任与家长之间的心理沟通是一个极其纷繁的过程，由于家长的文化层次不同，家长与班主任在许多认知、情感方面就很难产生一种共识和共鸣，这就决定了家访的经常化。经常化的访问有利于对学生的管理，防微杜渐，可以消除家访时学生的紧张情绪，可以把"问题式家访"变为"正常性访问"，从而消除家长对子女的责备，也可增强家长事后犯"嘀咕"病的免疫能力，因而他们会很热心地支持班主任工作。

强调家访要普遍化、经常化，又不是搞形式主义，硬性规定教师家访次数，把家访当做例行公事。是否家访，次数多少，何时家访，应由班主任相机行事，使家访恰到好处，收到实效。目前有些学校过分强调家访甚至把教师家访次数作为定量考核的指标，这种做法既加重了教师的负担，又流于形式，是值得商榷的。

家访要做到普遍化、经常化，必须善于合理安排时间。班主任家访工作是教育工作的需要，而家访必须付出时间、精力，这样就会直接影响备课、批改作业及业务学习。要解决这个矛盾，就必须合理安排好时间。一般说来，普访可以利用暑假进行，常访利用业余时间有计划地进行。家访虽然花了时间，但所得到的却是不能用尺来度、用器来量的。

当家长真正把管教子女的责任负起来，切实配合班主任对子女进行教育时，就可以看到家访所起的作用是不可估量的。

（2）家访要做到"胸有成竹"。

家访一定要有明确的目的，不能为家访而家访。家访一定要事先做好准备，不能来也匆匆，去也匆匆，三言两语，敷衍了事，这样的家访不仅不会获得家长对班级工作的支持，相反，有时还会产生副作用，导致家长和学生犯"狐疑病"。因此，班主任进行家访一定要做到"胸有成竹"，走访前一定要做好准备。班主任为家访而做的准备包括心理准备、内容准备和程序准备。

班主任进行家访，就是与家长打心理攻坚战。因此，家访前，班主任对学生家长的文化层次、兴趣爱好、品德修养和家庭教育类型等方面，作一个初步的了解，便于家访时据以不同的心态选择不同的语言、表情进行和谐的心理交流。班主任的心理准备如何，直接关系到家访时能否做到随机应变，掌握主动权。如果家访时班主任能根据家长的个性，并投其所好，谈吐投机，使家访在和谐融洽的感情气氛中进行，达到家访的目的，则说明班主任在心理上早有准备。

家访前的内容准备必须具体、单一化。最好是一次家访中集中解决一两个问题，因而也就只需集中精力准备一两个问题的有关内容。准备的内容要有较强的针对性。这就要求班主任平时多观察学生的表现，注意把握学生的思想脉搏，抓住他们现阶段存在的主要问题和表现出的主要优点作为准备家访的内容。同时，家访内容的准备还要有趣味性，要根据家长的理解能力，选择容易产生共鸣的问题与家长共同商讨。

家访前的程序准备，就是班主任即将进行家访时，对将要进行家访活动的进程做一个条理的安排。家访时，与家长先谈什么，后谈什么，重点谈什么，在家访前都必须心中有数。程序准备还要求提前通知学生本人，使学生本人欢迎家访，那种背着学生悄悄到学生家里访问的方法并不会受到学生本人的欢迎，而且会使学生产生抗拒心理，学生家长也不一定乐意接受。

家访做到了"胸有成竹"就能避免随意性和盲目性，提高家访的教育效果。

（3）家访要"喜忧兼报"。

作为班级的领导者、组织者、教育者的班主任，家访时要善于运用辩证法作为与家长交谈的武器，既要向学生家长反映其子女的某些不足，又要给他们汇报其子女的明显进步。在与家长交谈中，首先应充分肯定学生的优点，以鼓励学生发扬下去，更主要的是为了争得家长产生一种心理快慰的需要。家长产生了这种心理需要就自然会产生一种"教有所获"的满足，这种满足需要激起家长兴奋之余，班主任再指出其子女的某些不足，从而使家长心里形成一个逆转运动，马上又会产生一种不足的需要。家长都希望自己的子女在原有基础上获得更大进步，班主任就要利用家长的这种心理提出家长与学校共同管理学生的一些具体办法，家长为了把未足需要变为"已足"需要，自然而然就会协助班主任搞好班级工作了。

值得强调的是，即使是班级中的差生，班主任家访时，也要喜忧兼报，不能只报忧不报喜。不论学生怎样差，在他们身上总有一些积极因素，班主任要发现和挖掘他们身上的闪光之点，给他们的家长汇报。这样，家长会自然体会到老师是在实事求是地评价自己的学生，没有抹杀学生的成绩；同时也会使学生本人感受到老师是在真心实意地关心和爱护自己。

"喜忧兼报"的方法会增强家长教育子女的信心，会激发学生力求上进，最终有益于班主任工作的顺利开展。

（4）家访要做到"三位一体"。

教育实践证明，班主任的家访活动应是班主任、学生和家长三位一体的活动。坚持班主任、学生、家长三结合比班主任背着学生"私访"效果更好。不论是向家长报喜还是报忧，班主任应当着家长、学生本人的面开诚布公地交谈。三位一体式的家访，其交谈形式主要选择3种：

①先让学生本人向家长汇报自己在校的表现，之后班主任作必要的补充或证实。

这种形式有利于培养学生的自我评价能力，有利于养成学生诚实坦白的好品性。在这样的场合，班主任要善于引导学生分析自己，要有意识地把学生作为家访时的主角来安排。当班主任补充与学生本人的意见不相统一时，要允许学生本人申辩，并帮助学生分析自己，要在民主的气氛中以理服人。这样，学生本人会心悦诚服，家长听后也较为满意。

②先让家长反映学生在家里的表现，然后由班主任反映学生在校的表现。

这种形式的交谈，班主任必须善于察颜观色。有的家长对学生估价偏高，常常喜形于色；有的家长对学生的估价偏低，对学生的前途失去信心，常常湖光掠影般地显示出一种忧虑之情。班主任要善于观察，要捕捉家长的情绪信号。如果家长对子女的自信程度较大，班主任则要先扬后抑，即当家长反映情况完毕，班主任在对其子女于家中的表现表示赞许的同时，要适当多指出一点在校不足的地方，以防止家长放松教育；如果家长对子女的未来很悲观，班主任则要先抑后扬，即当家长反映情况完毕，班主任在对其子女家中的表现不作过多的评价的同时，尽量指出一些学生在校表现的长处，并分析学生在发展前程中的不利与有利因素，且指出利大于弊。无论是"先扬后抑"还是"先抑后扬"，都有利于得到家长的协助和配合，能使家长、学生、班主任各方满意。

③先由班主任指出学生在校的长处和短处，并提出一些具体要求，然后征求家长的意见，并要学生当面表决心。

这种形式的交谈，关键在班主任对学生的评价要中肯，语言要亲切，要易于家长和学生接受。对学生提出要求，一定要以征求家长意见的口吻出现，一旦家长和班主任的意见达到一致时，就要向学生发起心理攻势，要求学生当面表态、表决心。这种方式，直接增强了教育学生的合力，有利于鞭策学生不断地争取进步。

（5）家访要善于选择时机。

俗话说："人老一时，麦熟一晌。""不到火候不揭锅。"言外之意就是做事情一定要选择时机。家访的工作要收到良好效果，除了坚持经常化、制度化以外，还必须善于捕捉有利的教育时机。那么，班主任应抓住哪些时机进行家访呢？

①选择时间进程的最佳时机。

即把握学校工作进程的时序特点选择时机。如新学期或新的一年开始时，学生积极向上的心理特征表现得极为明显，班主任就不能坐失"开头"这个良机，应及时进行家访。

②选择活动方面的时机。

学校为了全面贯彻党的教育方针，都要开展一系列有利于学生健康成长的活动，如重要节日纪念大会、各种知识大赛、听模范人物作报告等，班主任就要抓住这些时机，走访家长，这样有利于家长与班主任的及时配合。

③选择学生取得进步或出现滑坡的时机。

中小学生不但有奋发向上的心理特征，而且具有珍惜自己荣誉的特点，一旦他们取得了一定成绩，会从心理上得到满足，并希望有一种新的奋斗目标来约束自己。中小学生在学校如果出现滑坡现象时，又易于产生一种消极悲观的情绪。因此，班主任要善于抓住这两个时机，进行家访，和家长共同分析其原因，共同进行教育。这样，学生不但乐于接受，还会用实际行动来实现班主任和家长提出的一致要求。

④选择学生的某些要求得到满足的时机。

每个学生都会有自己的愿望，如果教师对他的正当愿望给予适当的满足，这将会产生一个良好的教育时机。如高中生分文理科复习，个别学生被分到文科，但他本人又强烈要求读理科，最终老师让他如愿以偿，他们就会得到一种心理满足，这时，班主任就有必要抓住这个时机，进行家访，与家长介绍有关情况，形成一种教育合力，学生既会感激老师的"赐予"，又会发奋上进。

⑤选择师生感情融洽的最佳时机。

中小学生由于缺乏较强的理智，对老师给予他的某些批评和帮助不能一时接受，有时还会产生一种反感情绪，遇到这种情况，班主任应冷静对待，不能急于到家长那里告学生的状，要等学生心情舒畅之时再与学生一道与家长取得联系，这时，师生间的感情较融洽，教师的谈吐才易于学生接受，也不致于出现家访时学生主动回避的难堪局面。

"告状"式的家访总是事与愿违的，不仅没有正效益，反而会产生负效益。"告状"式的家访一般是在学生犯了错误或成绩一时落后的情况下进行的，这时学生本来就有一种畏惧、羞愧、自责的心理，更希望得到老师的鼓励与关怀。如果老师在这个节骨眼上去家访"告状"，无疑是雪上加霜。在学生看来，这是你对他的不信任、不理解、不尊重，甚至认为你只有"向家长告状的本事"，一旦遇到对子女教育方法简单化的家长，学生有可能因此而遭受一顿皮肉之苦。于是，无论是肉体上还是心灵上的创伤，这笔账都会记在老师的名下，长此以往，师生感情上的裂痕就会加深，学生的思想工作也就不可能做好。

2. 请进来的艺术

"请进来"，即班主任把家长请到学校来共同商讨教育学生的方式方法，相互了解学生在家庭和学校的表现，以达到一致性的协调教育。"请进来"主要采用3种形式：

（1）召开家长会。

家长会一般每学期开1次~2次，通常在开学后和放假前。召开家长会是对家长进行集体工作的方式。召开家长会必须要做好充分的准备，这包括学校领导、科任教师、后勤部门的联系工作。召开家长会必须妥善地确定开会时间，尽量使大多数家长都能参加，开会时间一般以半天为宜。召开家长会的形式应不拘一格，可以茶话会的形式出现，可以报告会的形式进行，可组织家长参观学生优秀作业专栏，可组织学生给家长搞文艺演出。家长会的内容必须以解决一些迫切的问题为重心，可以由班主任向家长作本班工作的汇报讲话，可以由学生代表向家长汇报班级情况，也可以请家长介绍教育子女的经验，这种用家长来促进家长的方式效果更好。有条件的地方，也可以请教育专家作有关教育问题的报告。

召开家长会，最好能帮助家长从教育学的观点来理解班上出现的困难和问题，帮助家长分析自己教育子女的经验和问题。召开家长会的关键，在于班主任必须当着全体家长的面对班级提出一个切实可行的奋斗目标，并希望得到家长的大力支持。有的学校为了改革班级管理，充分调动家长的积极性，组建了由班主任、科任教师、家长代表、学生代表参加的班主任工作咨询小组，由班主任定期召开研讨会，共商班级的管理工作，取得了较明显的效果。

作为班主任，要善于创造性地工作，注意发挥家长会的职能作用，家长会的第一个职能就是沟通，即沟通家长与教师的联系。沟通职能要求家长和教师通过家长会全面地介绍学生的优缺点，实事求是地反映他们在学校和家庭的行为表现，要求教师和家长交流各自的教育计划、方法和经验，增进相互间的理解和信任；为合作教育创造条件。在沟通过

程中，一定要始终坚持热忱坦率的原则，互相交流信息，互相借鉴方法，使双方感情发生共鸣。

家长会的第二个职能是教育职能。这就要求班主任用教育学、心理学的知识对家长施加影响，在家长中普及教育科学知识，使家长教育学生的方法科学化。

家长会的第三个职能是研究职能。它要求家长和教师围绕教育目标和学生的特点共同研究教育方法、管理方法，研究的形式可据班级实际情况而定，可以集体研究，也可个别研究，共同研究是为了增强家长在教育学生中的主动性和创造性。

班主任必须注意这三种职能作用的发挥，要引导家长正确运用期待效应，尽可能让家长、班主任、学生三方面的期望值达到和谐统一，不能使期望值过高和过低。班主任就是要通过家长会教育督促家长履行家长的职责。

（2）家长接待日。

家长接待日活动有两种情形，一是班主任在自己的工作计划里拟定一些问题与家长进行谈话，然后确定一个固定日期，首先给学生宣布，要他们通知家长在规定的时间内来到学校与班主任交谈。这是班主任做家长工作的个别形式。另一种情形则是班主任随时接待前来学校访问的家长。

在家长接待日活动中，班主任可当着学生的面或不当着学生的面同家长进行谈话。

随着教改的深入，请家长参与班级管理日益增多，因为家校的结合已不能传统地囿于与家长交谈的形式。家长接待日活动，一个有效的改革措施就是必须把家长对子女的教育由被动变为主动，开放课堂，邀请家长听课。有的家长对自己的孩子在校表现了解不透，一发现孩子成绩下降，一听说自己的孩子在校犯了错误，他们轻则发一通怨气，重则体罚自己的孩子，结果是家长生气、学生受苦，又不能解决问题。为了让家长有机会亲眼看到学生在校各方面的表现，班主任应有"开放意识"，邀请部分家长在"接待日"活动中走进课堂听课，看看自己孩子的表现。也可以有针对性地重点地请个别家长参加班上活动，这样能使部分家长更能准确地了解自己的孩子。家长接待日活动，做到了对家长的开放，就是加强了家长对班级管理的参与意识，这对学生的学习进步和良好习惯的养成，都起着巨大作用。

（3）家长学校。

鲁迅曾说，我们不仅要办师范学堂，而且要办"父范学堂"，这一预言在改革的今天，有的地方已付诸实践了。班主任要充分利用家长学校这块阵地，协同学校领导和其他教师把家庭教育的有关理论和方法传递给家长，以便家长自觉地、科学地管好自己的孩子。开办家长学校，主要是通过专题讲座的形式给学生家长传授家庭教育的知识。可以说，开办家长学校是争取家长支持班级工作的最有效的方法，因为父母是学生最亲近的师长，家庭是学生最亲近的学校，家庭教育是三结合形成高效立体教育场所的关键一环，它的好坏，直接关系到下一代的质量和家庭的幸福，对学校教育、人的素质和社会发展有着重大影响。举办家长学校，就是为了普遍提高家庭教育的质量。因此，家长学校在开展活动时，作为参与者的班主任，要密切地联系本班实际和家长一起磋商管好学生的具体办法，如此下去，就可能形成一个良性循环的班级管理的运行机制。

3. 信号调控的艺术

信号调控是班主任争取家长支持班级工作的特殊形式。这种特殊形式主要有以下几种具体做法：

（1）与家长通信。

即对班上的情况、学生的主要优缺点和对家长的一些建议，通过书信的形式与家长取得联系。与家长通信必须注意几点，一是文字必须简洁，不要冗长；二是内容必须具体；三是根据家长的文化层次的不同而运用不同形式的语言表达；四是说明请予回信。

（2）通过地方广播等宣传工具向家长祝贺学生的学习成绩。

这种形式一般用于期末总结之后，它要求对学生的评价中肯，在祝贺学生取得成绩的前提下，要注意提出新的要求。这种形式具有较好的教育效果，因为它的信息传播面较广，易于刺激学生和家长。

（3）建立《家庭联系册》。

为了与家长长期保持联系，班主任可建立《家长联系手册》。每个学生一份，对学生有何评价，对家长有什么建议和要求都写在上面，由学生带给家长，家长阅后签上意见和要求再由学生带回交班主任。联系手册常存放在班主任处。这种方法比通信更优越，它便于保存起来供以后系统地进行研究。建立家庭联系手册要注意从中分析家长的情绪，也不要遇事都要家长签字，这样可能会使家长反感。

上述争取家长支持班级管理的工作艺术，无论是"走出去""请进来"，还是"信号联络"，都必须注意一个至关重要的问题，那就是切实避免流于形式，应该不断积累经验，不断改进具体方法，以提高效益为唯一目的。

言教与教育演讲的艺术

一、身教与言教

班主任是人类灵魂的总工程师，其影响青少年儿童心灵的最主要、最精细的手段是言语。班主任语言，既具有人类语言艺术的共性，又有教师语言艺术的特殊性，同时也与自身的道德修养、性格思想、知识水平、阅历、爱好等紧密相关。

作为班主任，对学生的教育方式是多种多样的，但归纳起来不外乎两类：一为"身教"，一为"言教"。

从我国教育史来考证，孔子可以说是第一个提出"以身作则"教育原则的伟大教育家，他多次提到："正者，正也。子帅以正，孰敢不正？"

"其身正，不令而行，其身不正，虽令不从。"

"得之于身者得之人；失之于身者失之人。"

他从四时百物按自然规律发展而无所言的观点出发，除了必要的"言教"外，十分重视"无言之教"，也就是采取坦率的榜样的方式来影响学生，《学记》上说："夫子以身教，不专以言教。"由此可见，孔子在"言教"的同时，极其重视"以身立教"，为学生树立"学而不厌，诲人不倦"的形象。

重视"以身作则"的教育原则，并不等于废弃言教。孔子也十分重视"言教"，翻开一部《论语》，言教的方式，俯首即拾。不仅如此，孔子还是一个讲究言教艺术的大师。现举《论语·先进》中一个实例略加分析（根据原文翻译）：

子路、曾皙、冉有、公西华四个人陪着孔子坐着。

孔子说道："因为我比你们年纪都大，（老了）人家不要用我了。你们平日闲居，就说：'人家不知道我们呀。'假若有人知道你们（要请你们出去），那你们怎么办呢？"

子路不假思索地答道："一千辆兵车的国家，局促地处于几个大国的中间，外面呢，有军侵犯它，国内又有灾荒。我去治理，等到三年光景，可以使人人有勇气，而且懂得一些大道理。"

孔子微微一笑。

又问："冉有，你怎么样？"

答道："国土纵横六七十里或五六十里的小国家，我去治理，等到三年光景，可以使人人富足。至于修明礼乐，那只有等待贤人君子了。"

又问："公西华，你怎么样？"

答道："不是说我已经很有本领了，只是说我愿意这样学习；祭礼的工作或者同外国盟会，我愿意穿着礼服、戴着礼帽，做一个小司仪者。"

又问："曾皙，你怎么样？"

他弹瑟正近尾声，铿的一声就把瑟放下，站了起来答道："我的志向和他们三位所讲的不同。"

孔子道："那有什么妨碍呢？正是要各人说出自己的志向啊。"

曾皙便道："暮春三月，春天衣服都穿完了，我陪同五六位成年人，六七个小孩，在沂水旁边洗洗澡，在舞雩台吹吹风，一路唱歌，一路回来。"

孔子长叹一声道："我同意曾皙的主张呀。"

子路、冉有、公西华三人都出来了，曾皙后去，曾皙问道："那三位同学的话怎样？"

孔子道："也不过是各人说说自己的志向罢了。"

曾皙又道："您为什么对仲由微笑呢？"

孔子道："治理国家应当讲求礼让，可是他的话，却一点不谦虚，所以笑笑他。"

曾皙（误会了孔子的意思）又问："难道冉有所讲的就不是国家吗？"

孔子道："怎样见得纵横六七十里或五六十里的土地就不够一个国家呢？"

曾皙又问："公西华所讲的不是国家吗？"

孔子道："有宗庙，有国际间的盟会，不是国家是什么？（我笑仲由的不是说他不能治理国家，关键不在是不是国家，而是笑他说话的内容和态度不够谦虚。比如公西华，他是个十分懂得礼仪的人，但他只说愿意学着做一个小司仪者。）如果他只做一个小司仪者，又有谁来做大司仪者呢？"

这是一次假设式的关于治国方略的谈话课，从中可以充分看到孔子的言教艺术。

1. 看准心理需要

子路、曾皙、冉有、公西华这几个弟子学业有成，都希望能找到机会登上政治舞台。孔子看准了学生这种心理需要，及时地提出讨论的话题：平时的时候，你们常说："没有人赏识。如果有人赏识，你们打算怎么样呢？"一石激起千层浪，这一问一下子激起了弟子讨论的兴趣和责任感，认为这是自己的切身问题，应当负责地认真探讨。需要才激起动机，看来孔子早就善于抓住人生的需要，来激起弟子们的学习动机，促使其学有成绩。

2. 形成平等氛围

孔子和得意门生席地而坐，人数不多，程度大体相同。孔子教态谦和而民主，造成一种非常自然、友爱和诚恳的氛围。他说："我虽然年纪比你们大些，你们却不可因此而拘束，不敢畅所欲言。"

3. 讲究民主讨论

话题抓准了，氛围形成了，就让每个学生尽量有发言的机会，不加以干涉。有的学生所发表的言论虽与孔子本人的意见不合，为了鼓励学生积极发表意见，他也对他笑一笑（哂之），不打断其发言，不立即对学生下评语。有的学生不愿发言，孔子就用同情的态度加以鼓励说："何伤乎？亦各言其志也。"结果不愿发言的学生，也发表了自己独特的见解，并且得到他的赞赏。

4. 愤悱之后而发

孔子说："不愤不启，不悱不发。"愤是心求通而未得之意，悱是口欲言而未能之貌。教育必须等到学生像这样才去言教。几个学生谈罢后，子路、冉有、公西华出去了，曾皙正处于愤悱状态，问孔子怎样评价各人的发言，又为什么笑子路。这时，孔子才谈出自己的观点（且不评他的意见正确与否），此时的言教，才是一字千金的教育，因为学生需要，教才有成效。

二、语言、言语、言教艺术

言教涉及语言和言语这两个概念及其关系。

1. 语言

语言，既是人类最重要的交际工具，又是人们思维的工具，当今，又成为人们最重要的信息工具。构成语言有 4 个要素：语音、语义、词汇、语法，它们组合成一种符号体系。

研究表明，尽管语言要涉及使用不属语言范畴的符号系统（如姿势、手势、面部表情、语调、声音高低），但语言本身为课堂交流提供了唯一的丰富渠道；尽管教与学可能会涉及到其他非交谈活动（如用材料制作手工艺品、做数学题等），但教学过程中最重要的部分通常是口头解释、应答、讨论，然后再由教师作口头总结。

这个研究结果启迪教育者，语言是教育工作者须臾也不能离开的最重要的工具；这个工具中，使用频率最高的是口头表达。因此，口头表达是对教师最严峻的考验之一，切不可掉以轻心。

从语言角度研究教与学包括"双层"意义：语言既是教育的媒介，又是受教育者所具有的能力，而这种能力又正是教育的一个目标。因此，在这两个意义上，语言都不是被看成静物，而是能使他人在有关活动中产生变化的运动形式。

2. 言语

言语是指人们的言语实践，即个人运用语言的过程或产物。言语包括两个内容：一是说话的行为，叫言语行为；一是指说出来的话，叫言语作品。

语言和言语不同。言语是人类语言机能的个人部分，是心理物理现象，它区别于作为社会心理的语言，即语言机能的社会部分。再者，言语一般被用来指称语言的个人变化，言语中除包含社会公认的语言体系外，还体现人们运用语言的具体特征，如发音过程、特点、表达的风格、技巧，以及偶发的非语言因素等。第三，言语是语言的具体体现，语言存在于言语之中。

　　3. 言教艺术

　　班主任语言是广义的，不仅包括由语音、语义结合的，由词汇、语法组成的符号体系，更主要的是指对语言的运用即言语。"传道、授业、解惑"的职业特点，决定教育者经常使用语言这个重要工具。苏霍姆林斯基指出："教师的言语——是一种什么也代替不了的影响学生心灵的工具。教育的艺术首先包括说话的艺术，同人交流的艺术。我坚决相信，学校里往往带来很大不幸的冲突，大多数根源就在教师不善于同学生谈话。"

　　事实正是如此。

　　（1）以言逼杀。

　　《光明日报》1983 年 7 月 8 日，第二版刊登一个小学生家长来信，揭露了一件令人痛心的事：洛阳铁路一小教师司某，因学生刘钊没有及时完成数学作业，就用讽刺挖苦的语言，把他赶出校门，甚至说："你明天来了，就把你推出去。"严重损害了学生的自尊心。在走投无路的情况下，这位三年级的小学生在家里的窗户上自缢身亡。这种恶性事例难道还不触目惊心吗？难道还不应引起我们对"言教"艺术的高度重视吗？

　　（2）以言辱人。

　　不难看出，这位教师的言语，一是言词粗俗，不堪师表；二是强词夺理，不许申诉；三是滥用惩罚，不尊重人，当然使学生心生逆意，还有什么教育效果可言？

　　（3）言必"狠狠"。

　　研究者曾在自然状态下观察 48 位班主任，发现 33 位班主任口头禅是："真是气人，我今天狠狠地把他（指学生）批评了一通。"

　　近 70% 的班主任在言语行为中表现出"狠狠"的态势。可见言教艺术在他们心目中早已渺如黄鹤。值得人们深思的是，这种被苏霍姆林斯基称为"极端恶劣，不能容忍的教育现象"，不仅得不到制止，反而被认可为"有责任心""管得住学生"的表现。

其实，"狠狠批评一通"者，只懂得使用语言的二三种目的——不准、禁止、不对。可是，优秀班主任深切认识到，使用语言的目的是几十种，乃至于上百种。即使在批评学生时，也要蕴涵惊讶的意味："我从来没有料到你会做出这样的行为，我过去和现在一向认为，你比你自己用行动表现得要好些。"决不能以声压人，以势逼人，以权凌人，以态吓人。学生特别是少年儿童在班主任大声呵斥面前，先是一愣，继而呆若木鸡，以至于老师讲什么都听不完整，然后产生害怕心理，见到班主任便怕问、怕接触、怕说，拙口笨舌，动作笨拙。一般来讲，学生随着年龄、见识的增长，最终会摆脱害怕心理。但是，在害怕心情的阴影下，在很长一段时间里，心智得不到正常发展，这对学生来说，无疑是一种精神的虐杀。

（4）一言到底。

语言研究者罗米特·史蒂文斯花费 4 年时间，用速记法记载了美国一些课堂情况。她发现，课堂上 64% 的时间为老师的谈话所占用。教师无论教什么年级，讲什么内容，谈话量度比几乎不大。她指出：甚至可以说，在大多数学校里，教就意味着讲解、训诲；学就表示洗耳恭听、回答老师讲解中提出的问题。在号称教学民主的美国尚且如此，中国课堂又如何呢？有研究者仿照史蒂文斯的研究法，花费 3 年时间，用布置学生记录的方式，调查一些班主任的课堂言语。研究者惊讶地发现，课堂上 96% 的时间为班主任的言语所占用。这种"一讲到底"的教育现象，严重地压抑了学生交往的心理需求，严重地妨碍了学生语言能力的发展；再加上班主任语态"狠狠的"，积以时日，学生先是讨厌班主任，发展下去是憎恨学校，最后是"离校出走"。

（5）言之无物。

班主任运用语言艺术，从范围来说，从对象来说，从内容来说，都有着广阔的领域。可是，相当一部分班主任讲起话来，内容贫乏，不外乎一是好好学习。即使讲好好学习，也讲不出个甲乙丙丁，今天说"实现小康需要好好学习"；明天讲"好好学习为实现小康"。讲到怎样好好学习，又只是"要刻苦""要抓紧时间""要专心致志"，至于怎样刻苦，如何安排时间，怎么专心，也讲不出个子丑寅卯。学生开始听，还感觉可以；听多了，就腻了，就烦了。二是遵守纪律。讲遵守纪律也是道理少，榜样少，办法少；多用批评张三上课讲话，责骂李四上课插嘴，呵斥王五无事生非，如此而已。"在这种班主任手下当学生，真不知道这3年是怎样过的啊。"

4. 言教艺术的基本要求

班主任言教艺术总的要求，概括地说，首先要说得对，准确明白；进一步还要说得好，生动感人。如果一个班主任所说的话，即使意思不错，可就是说得啰唆、别扭、干巴，那就谈不上好了。所以，即使"说得好"的标准是无止境的，但仍应作为要求提出来，作为班主任修养任务之一。怎样才算"说得好"呢？这里提出几条基本要求：

（1）规范化。

言教艺术的规范化要求，是指班主任的语言要符合语言约定俗成或明文规定的标准。

《宪法》和《义务教育法》都明文规定，国家推行普通话。因此，班主任首先应该用普通话来进行教育，不能借口"说普通话影响表达"而不使用普通话。

班主任语言规范的第二项要求是要符合人民教师的道德规范，决不能口出污秽，以至于误人子弟，污染下一代。

班主任语言规范的第三项要求是语言要合乎语言本身的规范。要说得明白，说得简练，要口语化，不能带语病。有学生曾统计过一位班主任的口头语，一节班会课讲了200多个"啊"和120多个"这个"，大约耗费了6分钟时间，这种语病，不仅破坏了语言的连贯性与节奏感，分散了学生的注意力，而且常常导致学生的精神疲劳。

（2）针对性。

对什么学生说什么话，针对性强，是言教艺术的第二项基本要求。班主任的工作对象是学生，而学生是千差万别的。班主任言教时，应因人而异、因时而异、因事而异、因地而异，决不能千篇一律，用一个调子，说一样的套话。

年龄不同，说话不同。中小学生处于不同年龄段，心理特征因年龄而各异，因此，班主任要善于根据不同年龄来言教。一般来讲，对少年儿童讲话的时间要短些，形象要鲜明些，举例要多些；而对青年初期的高中生，讲话的时间可稍长些，思想要深刻些，逻辑性推理要严密些。

性别不同，说话不同。一般来说，男生性格粗犷，说话直率，接受外界事物的刺激反应较小，即使刺激了也常常不记仇。而女生性格温和，说话含蓄，接受外界事物刺激敏感，反应较大，且耿耿于怀。因此，对男生言教，宜用较为直率的语言，而对女生宜用细致而委婉的语言，还要注意避嫌。

个性不同，说话不同。学生在性格、兴趣、能力、成绩、注意力、意志等方面都存在着明显的差异，正所谓"人上一百，种种色色"。面对种种色色的学生，班主任言教应该"因材施教"，决不能"一刀切""齐步走"。所以，马卡连柯要求在批评时，要善于用"几十种、几百种不相同的语气口吻表达不满和责难"。

情景不同，说话不同，言教要注意场合、时间。一般而言，在大的场合，不能点名批评学生的缺点，让其"暴露在光天化日之下"。这种做法，会使学生产生怨恨，恨班主任太不给他留点做人的余地了。

（3）感染力。

言教艺术的较高境界，在于给人以激情，给人以力量，给人以美感；在情感、力量、美感之中，获得道德的内化，知识的理解，人格的完善。

感人心者莫先乎情，言教本身就是一种情感的活动。可是，有些班主任忽视这一点，在民间"师表"定势影响下，言教时表现出"异乎常人"的行为，于学生面前摆出一副从无笑容的"长脸"，以缺乏表情为"严肃"，以不带情绪为"公正"，使语言变得冷冰冰，导致学生"心扉"愈关愈严，以至于添上厚厚的棉帘。有道是，以情激情。班主任语言缺乏情感，怎么能点燃学生的激情呢？所以，言教艺术的感染力，首先在于语言的情感性，否则，班主任的话犹如"耳边风"。

其次，言教艺术的感染力来自形象的语言，因为形象的语言对人的感官最富有刺激性。言教虽然不是文学作品，但有时也需叙述经验，描述事实，刻画人物，用来阐明道理。假如语言生动，把抽象的理论形象化，做到绘声绘色，惟妙惟肖，在学生脑海里再造出形象，那么，言教的感染力就强烈了。电影《上甘岭》有这么一段：我志愿军某部八连战士在坑道里干渴难忍，一排长便给大家讲了一段故事：

……梅子又大又圆，可就是青的多黄的少。大家也顾不得生的熟的，摘下来用嘴一咬，啊，只觉得牙根上、牙缝里、两腮帮子后头、舌头下面，满嘴酸水直流。那真是酸极了，真要把牙根酸倒了。

这段具体、生动、形象的语言，不仅作用于听众的听觉器官，更主要地刺激了战士们的味觉器官。生动的描述，不仅引起了战士的听讲兴趣，而且也起到了"止渴"的作用。排长真不愧为"语言大师"。

言教艺术的感染力还来源于语言的幽默感。中国的班主任太缺乏幽默感了。为什么呢？教育俗语说："对学生不能给点颜色（指笑一笑，乐一乐，幽默一番等），给点颜色，他就开染坊（指笑开了花，乐得无边，会无拘无束地把班主任不当回事）。"在这种民间"教育学"的长期影响下，我们班主任历来以不苟言笑为班主任形象的标准式。哪个年轻班主任稍微与学生乐一乐，马上会被年长者正告："小心搞邪了。"然而哲学大师说："含笑谈真理，又有何妨呢？"高士其在佳作《笑》中赞美道："笑是美的姐妹，笑是善的良友，笑是爱的伴侣；笑有笑的哲学，笑有笑的文学，笑有笑的教育学。"笑的功能如此多，我们班主任的语言怎能没有它呢？其实，"含笑谈真理"，乃是真理的内容和它的特征所决定的。科学的真理，虽逻辑严密，但决不刻板；虽内容精深，但决不晦涩；虽神圣博大，但决非没有感情色彩。所以，在和学生讲道理时，决不能摆出一副教训人的面孔，而应含笑讲道理。含笑之中，不妨幽默一下。因为，幽默给人以轻松、诙谐和优美；因为幽默是思想、学识、智慧和灵感在语言运用中的结晶，是一瞬间闪现的光彩夺目的火花。

毛泽东同志在《反对党八股》中有这样一段：

党八股也就是一种洋八股。这洋八股鲁迅早就反对过的。我们为什么又叫它做党八股呢？这是因为它除了洋气之外，还有一点土气，也算一种创造吧，谁说我们的人一点创造也没有呢？这就是一个。（大笑）

这段语言既幽默，又诙谐风趣，既甜丝丝，又酸溜溜，使专事于搞党八股的同志脸红心愧，从中受教育。这种诙谐与风趣，虽然使人发笑，但却有着严峻的批评，而不是轻佻的戏谑。由此可见幽默之威力了。

第四，要讲究声调、节奏和姿势。班主任言教声调的高低，节奏的快慢，姿势的得体，直接影响着学生的思维活动和接受程度。教师的"讲"与学生的"听"必须协调、"合拍"，才能形成教育语言的最佳节奏，才能产生学生听讲的最佳思维状态。

言教声音太高，语言刺激太强，会使学生很快由"兴奋"状态转入"抑制"状态，影响注意力的保持，降低听课的效果，老师也会声嘶力竭。声音太低，有气无力，声淡音微，使学生听起来十分吃力，"有意注意"时间过长，学生容易疲劳。

育教语言速度太快，学生思维速度跟不上，又没有消化时间，听起来感到吃力，对道德知识容易"夹生"。速度过慢，适应不了学生生理特点，如同催眠曲。

言教要巧妙地控制音量、速度和节奏，使之快慢得当、高低适宜。要善于运用语言声调的高低快慢，轻重缓急，抑扬顿挫，吸引学生的注意，加深他们的印象，唤起他们的思维，帮助学生理解和记忆。当讲到重点或关键之处，班主任的语速应放慢，语气应加重，有高低，有停顿。当课堂秩序出现不安时，班主任不妨有意变换声调，压低嗓门，采取声缓而语重的方式说话。

毛泽东同志曾把"以姿势助说话"列入"十大教授法"。因为，天地间，唯有动的东西往往最富有感人的魅力。运用体态语言，首先要使动作有心理依据。动于衷，才能形于外。动作无意蕴，即使手舞足蹈，也只能逗起学生哂笑。其次，动作贵在含蓄，切忌直白外露。其三，动作不在多，而在精。

综上所述，规范化、针对性、感染力是班主任言教艺术的特殊要求，至于对语言普通性的要求，如准确性、鲜明性、生动性等，当然也是言教艺术必不可少的，只不过在这里不赘述罢了。

三、教育演讲的特点、形式结构与技巧

演讲是运用口语和态势向一定数量的听众表达对问题的看法或阐明某一事理、力求说服听众、激发听众情感的一种信息传递方式和鼓动手段。现代社会的演讲有了新的发展趋势，即它已从政治宣传领域进入了

新的领域——管理领域、交际领域和教育领域。并且，对话也成为了演讲形式的新发展。作为一个教育工作者，一个以专门管理、教育学生为职业的班主任，离不开运用演讲的方式来影响学生的态度和行为，离不开通过对话方式来满足学生急切交流与沟通的需要。

班主任的教育演讲有着特定的对象、场合、目的和内容，它与一般演讲相比有其特殊要求，即要讲求正确鲜明的思想教育性、准确无误的科学性、严谨得体的语言规范性、丰富多样的灵活变通性、沉稳真挚的情感庄重性。班主任进行教育演讲的目的是向学生传授科学知识，阐明正确观点，启发、感染、说服学生产生积极行为。演讲对象正处于求知阶段，知识积累少，辨别能力差，听讲的过程不仅是一般性的精神享受的过程，还是一个接受知识、懂得事理的过程。如果班主任的演讲表达不准确、思想性不强、逻辑失误、深奥难懂，就会导致学生的思维发生混乱，进而造成实际行动上的错误。

上述特殊要求决定了班主任教育演讲的特点与形式。

1. 教育演讲的基本特点

与一般演讲相比，班主任教育演讲除了具备声形同步、时效性强、色彩鲜明、鼓动性大、感染力深、内容生动形象、方法综合多样、语言晓畅真诚、态势自然大方等特点外，它还有以下特点：

（1）特殊制约性。

教育演讲要受到育人环境、教育内容和原则、教育时间及教育对象等因素的制约，因而它表现出了与其他领域演讲不同的特殊制约性。

①受育人环境特点的制约。育人环境包括课外课内、校内校外、教育背景、教育条件等。例如，课内演讲。学生集中，场地固定；学生受课堂纪律限制，演讲气氛容易调控；班主任的语气庄重，符合职业身份；语体形式具有综合性，以独白语言为主，要求对学生作连续不间断的演说，并适时与学生会话；讲究语言的严密性、概括性和条理性，且适当辅以口头语言，使讲述生动通俗。课外演讲，形式多样，环境变化大，气氛不容易控制；听者受限制的因素较少，易分散注意力。教育背景包括学生的思想状况、年龄特征、整个班级的气氛以及演讲前班级或学生中存在的问题等。教育条件包括室内装置（是否有扩音话筒）、场地大小、光线明暗及室外环境状况（有无噪音干扰）等。这些育人环

境因素影响制约着班主任的演讲，要求班主任适情适境地采取多种措施提高演讲效果。

②受教育内容和原则的制约。演讲的内容必须围绕教育目的和演讲需要作安排，班主任要紧扣教育内容有条理，有重点地展开讲演，而不能兴之所至、信口开河，海阔天空地说东道西。并且，演讲时要充分考虑教育原则，严格遵循教育要求和教育规律，符合思想性、教育性、科学性，不能有损于学生的身心健康。

③受教育时间制约。是上午讲、下午讲还是晚上讲；是第一节课讲还是最后一节课讲；讲一个小时，还是只讲数分钟，时间对教育演讲具有制约性。班主任讲演时应严格遵守时间，课内演讲不许拖堂，课外演讲要注意抓住时机，保持演讲的变通性和随机性。

④受教育对象制约。学生接收、加工信息的能力受其年龄特征、智力水平及思想态度的影响。因此，演讲时，班主任不要过高或过低估计学生接受信息的能力，要根据信息本身的特点按教育对象的需要确定信息密度。同时，班主任还需要考虑学生性别状况、性格状况、智力水平，使演讲具有针对性。

（2）心理相容性。

班主任语言是沟通师生思想的桥梁，思想沟通的前提是师生双方能心理相容。心理不容，话不投机，不能互相理解、互相接纳，思想交流势必产生障碍。因此，要求班主任深入体察学生的所思所想，了解并掌握学生的心理及知识水平，才能形象、生动、准确地把语言信息传递给学生。

（3）形象演示性。

班主任演讲艺术不仅是运用有声语言的艺术，它还是态势演示的艺术。态势演示的作用就在于辅助有声语言传递信息，增强语言的形象性和启发性。班主任恰到好处的手势、动作、表情能大大地增强语言的表现力，使复杂的关系简括化，抽象的事理具体化；使语言所包含的态度和情感倾向明朗化、形象化；使学生形成丰富的表象，能更加准确地感知信息。班主任的态势演示还可借助多种教具（如图片、模型等）进行。

（4）角色意识性。

班主任的教育演讲是一种特殊的教师职业演讲，它必须符合班主任的身份及职业道德。演讲中，班主任的角色意识要强，一言一行、一举一动都要合乎角色规范。

一般说，班主任在演讲中要同时扮演 3 种角色，即"学者的角色——以一个知识渊博的学者的角色出现，向学生传授知识；教育家的角色——以一个循循善诱、充满爱心的角色出现，向学生进行思想品德教育；语言艺术家的角色——以一个语言、态势优美的演讲家的角色出现，向学生进行语言美、语态美的示范教育"。（《教师职业演讲》，张锐等编著）这 3 种角色意识明确的班主任能随时注重自己的身份，使自己的语言富有科学性、教育性及审美特性而深受学生的欢迎。班主任的角色意识模糊，就会影响语言的教育性、思想性和行为的示范性，学生的思想就会发生混乱。

在具体的演讲过程中，这 3 种角色意识的强度并不是等同的。有时，演说家的成分要多一些，有时，教育家的成分要多一些。角色意识的调控分配与演讲内容、场境需要及学生的注意力和理解水平有关。例如，讲授知识时，学者的角色意识要强一些，语言注重条理性、逻辑性。但学生不能很好地理解或注意力分散时，班主任须及时改变信息传递方式，或说笑话，或打比方，或作示范，语言艺术家的角色意识相应加强。角色意识不能合理分配，往往是演讲呆板枯燥的根源。

2. 教育演讲的基本形式

班主任教育演讲的基本形式有以下几种：

（1）报告式演讲。

报告式演讲是指班主任在讲台上讲，学生在台下听，师生交流少，属于一种单向交流信息渠道。它主要包括课堂讲授、会场讲话两种形式，具有规模较大、主题明确、气氛庄重等特点。

报告式演讲要注意以下几个方面：第一，在发挥班主任主导作用的同时，要注意调动学生的积极性，而不能把学生当成被动接受信息的"容器"。第二，要注意掌握时间，不能长时间不间歇地讲下去。因为，学生缺少交流的机会，注意力难以维持较长时间。第三，根据场地大小、学生人数多少、距离远近等情况确定讲话音量。第四，学生只单纯接受信息，缺少思考和消化的时间，班主任讲话时要注意保持一定的信息"冗余度"，即对关键性语句、语词、概念作必要的重复、强调和解释，给学生的听觉以"喘息"机会，以帮助他们理解、整理、消化知识。第五，注意演讲的主题和线索，力求做到主题突出，叙事有序，推导有致，层次清楚，语意一脉相承，有利于学生记笔记，有逻辑地、有步骤地掌握信息。

（2）授课式演讲。

授课式演讲包括教学演讲和学术演讲，它是指班主任运用演讲方式把专门的有系统的知识学问表达出来，它具有严格地受制于时间和环境及"演"与"讲"同步的特点。教学演讲主要指课堂教学、课外辅导、总结评比中所作的演讲，其目的是讲授知识，探讨学问，帮助学生掌握知识并分析评价学生的学习态度和学习成绩。学术演讲包括学术会议上的发言、学位论文答辩、各种治学情况及方法报告及专家学术讲座。学术演讲以专题演讲为主，注重语言的科学性、见解的独创性。

（3）即兴式演讲。

即兴式演讲又称即席讲话，它是一种无准备的或准备不足的临时性演讲。这种演讲最直接、最真实地体现出了演讲者的思维能力和表达水平。即兴演讲是班主任常用的一种表达方式，具有随机性。在对学生进行思想教育和解决学生生活、学习中的各种问题时，班主任教育的灵活性、机动性较大，来不及充分酝酿表达的方式方法，需要班主任胸有成竹、沉着机智地发表意见，表明态度，阐明道理。

即兴演讲首先要有一个好的开场白。良好的开场白可使听者的注意力保持一段较长的时间，第一印象往往可能成为最后印象。其次要把握有利的时机，及时巧妙地作深入讲演。如果仅有好的开始，然后又立刻恢复平淡，甚至出现语无伦次、语脉混乱、错误频频等问题，再好的开场白也会变成白开场。第三，要注意追求连贯性，并不时抛出一个高潮，使听者的情绪发生或紧张激动或轻松平静的变化。最后，即兴讲演应有一个好的结尾，这是演讲的最后一击，必须让听众感受到它的震撼力，以有助于听众在心目中保留一份良好的、回味深长的印象。

（4）礼仪式演讲。

礼仪式演讲是指充满情感地在各种社交性仪式上当众发表的演讲，

它是一种寓理于情的演讲语体。班主任的礼仪演讲主要包括：迎送演讲、庆贺演讲、答谢演讲、介绍演讲等。

迎送演讲是指班主任在为学生、家长及其他有关人士举行的欢迎会和欢送会上所发表的即兴致辞或书面致辞，礼节性强，情感强烈，言辞动人，给人以愉悦的感受。

庆贺演讲是指班主任为鼓励表彰学生取得成绩或获得进步而推崇赞扬学生的某一行为，发表的祝贺、祝愿辞，号召力强，感染力大，语调激扬，催人奋进。

答谢演讲是指班主任得到家长、社会各界人士、社区团体以及学生的热情相助后所发表的感谢辞，热情饱满，情感真挚，感谢性语句较多，演讲气氛较活跃。

介绍演讲是指班主任向学生或其他人介绍事实或某人情况。演讲时间不长，演讲词简短、精练，形象生动，气氛融洽，使听者对所介绍的人和事有一个初步的了解，并由此而产生深入了解的兴趣。

（5）集体谈心式演讲。

在班团会、家长会、校会以及课外活动中班主任抓住时机，随时都可开展集体谈心式演讲。这种演讲语调平易，但生动活泼，轻松愉快，能使听者产生亲近信赖感。成功的谈心演讲需要班主任善于捕捉演讲时机，消除心理隔阂，精心设计开头，实现感情交流。尤其是与家长谈心时，要注意措辞，要耐心解释，寻求合作；要讲究方式，使家长听得进并乐于接受意见；语言态度要中肯，一视同仁，不能有损家长的自尊心。

（6）对话式演讲。

现代社会的师生关系与传统的师生关系不同，相互交往与沟通方式也有所区别。那种班主任"一人讲，大家听"的单向性演讲已满足不了学生急切交往与沟通的需要，要求班主任不拘形式、不拘地点、不拘时间与学生进行各种内容广泛的对话，从而实现关系平等的双向沟通，及时、畅顺地增进了解。对话演讲的语气要平和，师生双方都是对话的主体和客体，班主任不能以权压人，强词夺理，而应保持坦诚相见的气氛让学生抒发意见。但班主任作为对话的发起者，应事先做好准备，了解和收集学生所关心的"热点""难点"问题，并事先作深入思考，做到对话时有的放矢，妙语连珠。

上述各种形式的演讲，其风格的确定必须充分考虑演讲内容、对象、场境特点的需要，或激扬，或深沉，或活泼，或严谨，因人、因时、因地制宜，使风格与形式有机统一。

3. 教育演讲的结构

教育演讲的结构分为开场白、讲述语、结束语3个部分。

（1）开场白。

开场白又称导入语，它是班主任在讲析具体内容之前有准备的精心设计的一段富有诱惑力、引人注意、简练精当的概括性语言。心理学研究表明，一次活动开始时的头两三分钟是人的思想、注意力最集中的时候，所以，演讲的开场白左右着学生的注意指向，负有集中学生思想的重要作用。

开场白的方式一般有以下几种：

①释疑开场。即班主任从讲解题目或解释某一疑问开始导入正题，它可起到引发问题、解疑启思、引起学生兴趣的作用。

②介绍开场。即班主任首先介绍有关演讲内容的背景、人物生平轶事及其他与讲述有关的问题，为本次演讲起思路定向、内容定旨、感情定调的作用。

③故事开场。即班主任用一些与讲述有关的故事、神话、传说、典故开头，以引起学生的兴趣，吸引学生的注意力，使学生急欲听到下文。

④论证开场。即班主任为阐明某一事理，首先不直接说明问题的结论正确与否，不指出事件的真相如何，而通过逻辑论证的方法对事件作出推理论证，以给学生留下深刻印象，开启学生的思维，调动学生的积极性。

⑤评论开场。即班主任从评论某人某事或某一问题的影响、作用、价值等方面入手吸引学生，使学生产生强烈的"知其所以然"的欲望。

⑥回顾开场。为引发学生的联想，唤起学生的记忆，班主任从回顾过去的人和事入手开始演讲，自然地切入正题，展开讲述。

⑦幽默开场。为活跃气氛、引发兴趣、吸引学生，班主任采取亦庄亦谐、妙趣横生、一语双关的幽默方法开端，以调谐学生的愉快心理，

为顺利讲述争取更多的听者。

⑧态势开场。班主任为调整演讲气氛，采用默语或笑声、动作的方式，驱使学生对演讲产生兴趣。如两眼环顾学生，沉默良久，能使学生安静下来，集中注意，稳定听讲心理。

⑨设问开场。班主任运用一些令学生敏感或易使学生深思究疑的问题，引起学生的悬念心理，使学生的注意力无法游离在演讲内容之外。这种方法能使学生更快地进入角色，主动接受更多的信息。设问的方式有总括式设问、特指式设问、多向式设问、刨根式设问等，它与审问、逼问截然不同。

此外，开场的方式方法还有直观开场、渲染开场、对比开场、联系实际开场等等。开场白如同乐器定调、航船定向，无论运用哪一种方式都必须做到形式别致，有声有势，目标明确，切忌庸俗客套，稀松平常，旁枝逸出，啰唆冗长。

（2）讲述语。

讲述语是教育演讲的核心部分，它包含了演讲的主要信息内容。讲述效果与班主任对所讲述内容的处理方式有关。讲述是否深浅适当，所提供的背景是否清楚，用词是否生动，氛围是否适宜，关系到讲述效果的好坏。

讲述的方式有以下几种：

①渐进式。即根据事理内在联系或逻辑顺序逐渐讲述，思路清晰，语脉相承，逻辑严密。

②倒序式。即先讲结论或结果，然后按果因关系进行讲述，这种顺藤摸瓜的方法有利于学生掌握重要信息。

③变序式。即改变讲述的时间顺序或逻辑顺序，按学生的需要、场境的变化特点随机应变地进行"由因及果"或"由果及因"，"由此及彼"或"由彼及此"的讲述，其间还可充分运用对比、选择、引申等方法，使学生灵活、迅速而准确地掌握信息内容。

（3）结束语。

演讲的结束，是演讲成功的最后一环，是留给听者的"最后印象"，起到进一步巩固感知、归纳知识、强化记忆的作用。

班主任如何恰到好处地结束演讲呢？心理学实验证明，学生大脑皮层高度兴奋，注意力和情绪都由此达到最佳状态时突然停止信息刺激，那么，头脑中所保留的"最后印象"最为深刻。根据这一原理，演讲可采取以下几种结束方式：

①延伸式。班主任把有关演讲主题内容及思想意义加以延长伸展，让学生进一步畅思遐想，给学生留下回味、思索，借以深化主题意义，扩大教育影响。

②呼吁式。班主任利用一些感情激扬、动人心弦和富有吸引力及具有震撼作用的语言作用于学生的听觉，引起学生理智和情感上的反应，为学生的思考指明方向，并激发学生的行为，争取学生的立场。这种结束方式极富鼓励性和感染力。

③引用式。班主任在演讲结束时恰到好处地引用名人名言或格言诗歌，产生一种"威信效应"和"美感效应"，把演讲推向高潮，为演讲内容所体现的思想观点提供有力的证明，并使演讲显得高雅而富有魅力，产生美感，令学生回味无穷。

④归纳式。把演讲内容进行归类概括，并有重点地重复重要内容，强化学生的记忆，给学生留下完整、清晰的印象。

⑤对比式。班主任最后运用对比性强烈的语言和对比度明显的事理使学生从比较中进一步明辨是非，做出正确的行为选择和立场选择。这种结束方式说服力强，形象生动，铿锵有力，意向明确。

⑥诙谐式。为使演讲更富有趣味，能给学生留下愉快的印象，造成欢乐的气氛，班主任可运用幽默诙谐的语言或寓意深刻的反语、夸张的态势动作结束演讲。这种诙谐式演讲的艺术要求程度较高，时机选择要恰当，不能无中生有、故作夸张，也不能生搬硬套，而必须浑然天成，它是愉快演讲的高潮。

演讲结束的方式多样。班主任可以根据演讲内容和场境气氛的需要来选择，但无论运用何种方式，都必须注意：结束语要画龙点睛，揭示主旨；首尾呼应，浑然一体；活泼新颖，不落窠臼；导向明确，鼓动有力；简洁明快，耐人寻味。切忌平平淡淡，画蛇添足，啰唆多余。

4. 教育演讲的技巧

（1）演讲音调变化技巧。

古语曰："古人平居，每藉以修养情操。至集合大典，则藉以齐众心，通情感。敬慎将事，靡敢逾越。为宗届之音，凯旋之乐，使闻者缅怀先烈，眷念乡邦。疆场之上，将士闻鼓，角而前趋，筵宴之间，宾主听笛簧而喜悦。"可见，不同的音响，给人的感受大不一样。演讲是一种有声语言艺术，纵观演讲全过程，有激昂之处，也有深沉之处，有轻松之处，也有紧张之处，有高潮也有低潮，音调亦随之发生高昂、低沉、平稳、紧凑等变化。千篇一律的音调听来令人生厌。

演讲时应怎样变化音调呢？班主任要注意以下几点：一要掌握音调变化规律，根据演讲内容变化语调；二要注意以情定调，以声带情，声情并茂；三要抑扬顿挫，起伏有致，且与语言节奏合拍。

（2）演讲强调艺术。

语言的强调在演讲中尤其重要，它具有弥补信息在传递过程中的某些损失和加强听者记忆的重要作用。它不是简单的加强语音、重复某一语言形式，它是通过增加冗余信息、突出必要信息来使听者接受更多的信息量。

班主任在演讲中怎样采取有效的强调措施呢？主要有以下技巧：

第一，讲到重要事情且需引起学生的高度重视时，要加以强调。

第二，班主任的观点与学生的观点不一致或被学生忽视时，要加以强调。

第三，当学生对重要内容表现出不在乎或显得出乎意外之时，应加以强调。

第四，学生不喜欢某一演讲内容时，更应采取强调措施。

第五，演讲中，当学生感到疲惫、注意不集中、精力不济时，班主任暂停作深入演讲，而应采取强调措施，加重语气，变换语调，以振作学生精神。

（3）演讲态势艺术。

演讲是"演"和"讲"的有机统一，"演"离不开态势运用。演讲态势主要包括站姿、手势和目光等。

①站姿。高尔基赞扬列宁的演讲时说他的演说和谐、完整、明快而强劲。"他站在讲台上的整个形象——简直就像一件古典艺术品：什么都有，然而没有丝毫多余，没有任何装饰，即使有的话，也看不出来，正如脸上的两只眼睛，手上的 5 个指头那样天生不可缺少似的。"这说

明列宁演讲时，是十分讲究站的艺术的。班主任演讲时特别要注意站姿，它代表了班主任的风度，影响着学生接受信息的效果。在讲台上，活动范围不宽，班主任应选好一个基本的立足点，然后根据演讲内容及学生情感交流的需要，适当作前后左右的站姿调整。切忌在讲台上随意走动，也不要时不时地走下讲台。无论是立正还是稍息，都要给学生一种与演讲内容相宜的和谐的美感。

②手势。手势具有传情、状物、指示等作用。演讲中，班主任配合恰当的手势动作既可强调信息内容，也可以补充信息内容，使演讲形象、生动。手势运用，讲究自然，它是演讲者根据演讲的内容和内心情感流露的需要自然支配手指、手掌运动的结果。如：作果断干脆的表态时，手掌用力一挥；强烈抒发感情时，双手自胸前向外一摊。

班主任演讲时应注意手势语言的约定俗成，讲求自然协调，要使学生看了易懂，有助于接收、理解信息。手指的抓握、手掌的外翻内转、食指的运动在一定场合代表具体的无以言说的信息内容，无节制地随意使用，或者与信息意义不协调，与语言节奏音律不合拍，手势就会产生负作用，就会给学生留下不良印象。

③目光。演讲不仅凭借有声语言和手势动作传递信息，而且还凭借视觉传递信息。听者从演讲者的目光中可以悟出许多弦外之音。演讲中，班主任的目光或平视，或虚视，或环视，或点视，所代表的信息意义和指向性是不同的，给学生的影响亦不一样。演讲中，怎样运用目光艺术呢？

第一，根据学生听讲的情绪反应和注意力分配状况调整视线长度和视觉向度。如：大多数学生有分散注意力的迹象时，班主任的视线平直向前流转，可以起到统摄全场学生注意力的作用。

第二，根据演讲内容和表情的需要变化眼神，增强与学生的感情联络。

第三，为照顾坐在后面和边角的学生或针对个别学生听讲中的行为反应运用点视或扫视方法加以控场。

（4）演讲时间艺术。

根据学生注意力保持的规律，每节课的教学时间只安排 45 分钟 ~ 50 分钟，在这段时间内，学生注意力最集中的时间是前 15 分钟 ~ 20 分钟。听演讲也一样，学生的注意力最集中的时间只有 15 分钟～20 分钟。所以，一般演讲比赛的时间大多限制在 15 分钟以内。德国著名演讲理论家米·里登乃尔认为：

①演讲时间越短，听众受益越大。

②属于传递信息的演讲不必超过 20 分钟。

③较长时间的演讲要安排适当的休息时间。

④不宜安排休息的可穿插生动活泼的对话。

班主任演讲时，要严格控制演讲时间，尤其是要注意从开场白到进入正题要迅速、顺当，而不要有过多的客套、迂回；中途不要卡壳，以免使演讲减速、中断；结尾要精当、迅速、干净、明了，而不要画蛇添足、多此一举地加以重复、归纳、总结；演讲中运用提问方法时，要多用设问式，自问自答，一般不要让听者回答，以免耽误时间，失去控制。

教育演讲的水平体现了班主任的表达水平、思想修养、学识、智慧和灵感。要搞好演讲，班主任须注意以下几个方面：

①做好演讲准备。准备包括两个方面：一是明确演讲的意义，准备好材料，构思好讲稿或打好腹稿，并进行试讲修正；二要平时注意积累知识、信心和情感，磨炼意志，学会自我心理调节。

②避免演讲中出现不良言行。如：口头禅、手势过多、站姿难看等。

③要有自己的演讲风格，有创新，有自己的见解，切忌机械模仿，也不要过分追求标新立异。

④保持演讲气势，掌握控场方法，并善于运用文学语言。

⑤树立信心，并善于控制演讲中的怯场心理。自信心要在平时培养。日本有位律师提出了几条有效的训练方法：

养成昂首阔步走路的习惯，径直迎着别人走去；养成微笑的习惯；否定别人时，用毫不含糊的语调说"不"；黑夜，在空旷无人的原野练习讲话；尽量接触名人，分析他的优点，也注意分析他的弱点，以增强自信；交谈时，盯住别人的鼻梁，让他感到你正注视他的眼睛。

班主任要成为一个优秀的教育演讲家，不妨按照以上方法有意识地训练自己。充满自信将使你走上成功的演讲之路。

（四）教育演讲的技法

1. 情绪稳定法

紧张有时是不可避免的，关键要能稳定情绪，找到适合自己的表达方式。

有位班主任说他当了12年班主任，心里一直害怕在公开场合讲话，但每次会议发言、主持班会、与学生谈话都取得了良好的效果，是这种"害怕心理"帮了他。此话听来似乎不可信，细一琢磨还真有道理。"害怕心理"使人变得紧张，使人脑的各个机能构件处于"紧急应变"状态，如果能有效地把这种"紧张情绪"稳定下来，人的反应能力、机变能力就会得到提高，从而使紧张情绪变为积极情绪，使发热的头脑冷下来，使冷却的心情热起来。

稳定情绪的技巧主要有以下几种：

（1）自我暗示。

班主任演讲前利用自我内部语言进行自我鼓励、自我安慰，暗示自己"只要顺利地讲完就会取得好的效果""紧张是自然的，人人如此，等一下就好了"。这种自我暗示法使焦灼不安的紧张情绪渐趋稳定，而大脑却仍处于积极应急状态，从而使演讲妙语迭出。

（2）意念转移。

演讲前，一旦产生紧张怯场感觉，班主任应马上转移注意力，心里想一些与演讲本身无关的事情，或与人说些与此次演讲无关的话题，或想一些过去曾令自己十分得意的一件事和富有诱人前景的未来生活，刻意把此次演说抛在脑后，或有意识地把这次演讲当成一件自己完全有把握解决的事，从而达到稳定情绪的目的。

（3）形象活化。

有时，人的情绪一紧张，大脑的各种机能构件如同突然断了电的机器一样停止了运转，头脑中出现一片"空白"，或头脑中老是同一形象在转来转去。这时，班主任要迅速展开联想，或回忆令自己心情愉快的往事，或闭上眼睛幻想自己进行演说的场面：学生听得聚精会神，不时报以热烈的掌声……这样，就会感到头脑中已僵化的形象开始活化了，紧张情绪逐渐稳定下来了，自信心明显增强了。

稳定情绪的方法很多，班主任要针对自己情绪紧张的原因采取恰当有效的办法稳定情绪，克服怯场心理。

2. 将错就错法

优秀的演讲家也难免会在演讲中出现一些或大或小的错误，但从容冷静地改正错误并巧妙地加以引申、解释，更能赢得听众，而回避错误或紧张得不知所措，其后果比演讲错误本身更严重。

有位班主任在演讲中阐述"三纲五常"，这个概念时，把"君为臣纲，父为子纲，夫为妻纲"恰好说反了，引得学生哄堂大笑。当他意识这一点后，微微一笑，冷静地说："我说的是'新三纲五常'。现在，我们的国家领导是公仆，人民是主人，岂不是臣为君纲吗？实行计划生育，孩子就像小皇帝，岂不是子为父纲吗？许多家庭中，妻子主管家政，丈夫是模范，岂不是妻为夫纲吗？"他的话音刚落，学生报以热烈的掌声，为班主任的巧妙解释喝彩。这样的解释反过来又正好说明"三纲五常"的含义。这种方法称为"将错就错法"。

将错就错法妙就妙在语言巧妙，解释、引申及视角独特。其有效性与班主任的机变能力有关，更与班主任善于控制情绪有关。当然，将错就错还需要班主任真正做到态度坦诚，实事求是，一般情况下不要文过饰非。它主要讲究随机应变，过渡自然；替自己解围时不要伤害学生，更不要把责任推到学生身上。随机应变、过渡自然的技巧主要有：相机引导，化险为夷；转换话题，摆脱困境；顺水推舟，较正航向；借题发挥，化解事故。

3. 通俗朴素法

列夫·托尔斯泰认为，真正的艺术永远是十分朴素的，明白如画的，几乎可以用手触摸到的。

一天晚上，某书生被蝎子咬了，他摇头晃脑地喊道："贤妻，迅燃银灯，尔夫为蛟虫所袭。"连说几遍，他的妻子怎么也听不懂。疼痛难忍的书生气急之下只得叫道："老婆子，快点灯，蝎子咬着我啦。"

这位书生故作高深，对妻子说话文绉绉的，虽然显得有礼有节、干净利落，但深奥难懂，听起来十分费力。这一点是班主任在演讲时需要特别注意的。

演讲是一种口头语言，口语性强，与书面语不同。书面语写在纸上可以反复琢磨，而口头语具有瞬时性，要求说者的语言要通俗朴素，易听易懂。因而，要求演讲语言做到通俗朴素。这必须遵守以下几点要求：

（1）合理运用文学语言。演讲语言要有文采，要用贴切优美的语言阐明道理；要对文字进行必要的润饰，使之生动活泼，富有感染力；必要时运用修辞方法，使抽象的概念、哲理形象化。但是，过分"文学化"的语言美辞堆砌，听起来令人很不舒服。

（2）以短句口语为主，各种句式交错运用，节奏旋律感强，朗朗上口。

（3）语言应准确、规范、流畅，专业术语要少，深奥的理论要通俗地做出解释。

（4）情感真切，而不过分夸张、渲染。

（5）讲究语言的生动形象，使演讲"活"起来。为学生提供丰富的视觉形象，填补学生的想像空间。例如，说到王羲之刻苦练习书法的事迹时，有一个数据：他总计用完了约1.5万多瓶墨汁。表达给学生听时，不妨说："王羲之练字用完的墨汁多得惊人，如果你每天用完一瓶，40年也写不完。"这样一说，学生就能更好地感受到大书法家是如何勤学苦练书法的了。

4. 态势开端法

以非语言方式开始演讲，可以起到调节演讲气氛、清理演讲环境、影响听众心理、集中听众注意力的作用。因为，出其不意的态势语言往往可令听众惊诧而产生好奇和探究的心理，而好奇心正是驱使听众思想集中的重要动力。

很多班主任都有这样的经验，讲话前，两眼环顾教室，沉默良久，令学生自觉或不自觉地静下心来，集中注意力，聆听老师的讲话。这是默语开场的方式，即一种态势开端方法。它的作用在于影响学生的心理，振作学生的精神，集中学生的思想，引发学生的好奇心。

态势动作可以形成视觉效果，语言也能形成视觉效果，二者有机配合更能形成良好的视觉效果，给学生留下深刻印象。著名演讲家戴尔·卡耐基曾遇到过这样一件事。有回，他在火车站候车，离发车时间还有两个小时，他无事可做，便有表情、有动作地朗诵起莎士比亚的剧本《麦克白》中的一个段落：

可以看见那短剑，其锋锷朝向这里……你的意思是要我去握它？……我没有办法握住它，只能看见它……

当他正在朗读时，前方约100米处有个女孩看见了他。这个女孩听不清他在说什么，但卡耐基的动作却使这个女孩产生了畏惧感，于是她便报了警。警察接到报告后，迅速围住了卡耐基，他们要以"威胁他人安全罪"逮捕卡耐基。这个故事说明，视觉因素可以左右人的判断能力。

运用动作表情产生视觉效果，是班主任讲演的一种重要的开场方法。同时，它也是维持听众注意力的一种有效手段。当然，姿势动作的运用并不是次数越多越好，过多的动作反而易分散学生的注意力；表情、姿态也不能过于夸张；所运用的姿势动作要与演讲情调相宜，适合演讲内容和演讲者的气质和身份。

5. 灵活机变法

尽管演讲前有了充分的威信、情感、知识积累，并经过了一定的意志磨炼，演讲中仍有可能出现各种意外变化。因此，灵活机变的能力是使演讲不至于中断，演讲者不至于陷入尴尬之中的保证。

有天晚上，班主任高老师去参加班级主题会，应班长和同学们的要求，他作了即兴演讲。正当他说到"我们的前途是光明的"时，突然停电了，教室里一片漆黑，顿时教室里响起各种噪声。高老师马上提高嗓音道："在光明到来之前总是会有一段黑暗的，但黑暗不会长久……"学生们被高老师的机智应变折服了，旋即安静下来，继续听讲。黑暗中，无一人捣乱。

演讲中，随时都有可能出现意外事故，能否灵活应变，关系到演讲的成败。这种具体的应变技巧难以预先做准备，只能临时采取应变措施，解脱困境。这种能力与树立演讲者的良好形象关系密切。中央电视台出色的节目主持人杨澜，一次出台时，不慎被话筒线绊倒了，观众顿时发出了笑声和唏嘘声。机智的杨澜不慌不忙爬起来，微笑着对观众说："同志们，我确实为大家倾倒了。"观众听了，报以热烈的掌声，对她一下子产生了好印象。我们说班主任要善于维护自己的形象，不是说要班主任以权威命令学生尊重自己，而是要求班主任注意从自己的一言一行中给学生留下良好的形象。

运用灵活机变法应掌握 5 个技术要点：

（1）心理上要有"会出问题"的准备。高兴顺利时不要忘乎所以，要处处留心，提醒自己不可大意。

（2）表达出了差错或者是忘记了下边的话时，不要露出回忆的样子，也不要从头重讲，可以索性顺着讲错的话讲下去，制造幽默效果；也可以找出理由自圆其说；或将这句说错的话作为反面例证进行反驳，重新回到表达的正道上来；忘记了的可以省略不讲，只要大体过渡自然就可以跳过去。

（3）演讲中冷了场，最重要的是要采取措施打破僵局，不妨将自己的下意识言行作为话题，说不定会唤起自己的记忆，重新产生兴致。

（4）当学生提出了出人意料的问题时，班主任有可能一时语塞，不知怎么回答。这时，不妨来点搪塞之词，简单明了，表面上理由充分就行了；或者用明快的语言扯些无关的话题来解释学生的问题，转移学生的注意力。

（5）任何应变语言都要讲究言简意赅，任何应变动作都要做到干净利落，应变的方式越新颖奇特越好。长篇大论方式往往难以解决问题，难以转移学生的注意力，反而突出了问题的严重性。